書山有路勤為徑
學海無崖苦作舟

文經閣

書山有路勤為徑
學海無崖苦作舟

文經閣

中國歷史上風靡一時的哲學家、教育家、軍事家
他創立的心學，被世人稱為「救世之學」

心學大師 王陽明

秦漢唐◎著

王陽明是心學的創始人，是我國歷史上風靡一時的哲學家、教育家、軍事家。他創立的心學，被世人稱為「救世之學」。

王陽明在講學中曾説道：「人皆可以為堯舜」「滿街都是聖人」。陽明認為人人都是平等的，沒有高低貴賤之分。心學就像是寒冬裡的暖爐，給多災多難的人民帶來了福音，它讓人民看到了自己的主觀能動性，看到了自身的潛能和力量。

孫中山先生在王陽明心學「知行合一」思想的基礎上，領悟出了「知難行易」的思想。因此在革命過程中，孫中山宣揚：「先要知，要找到一條最適合中國人走的路，再去行。」

前言

「為天地立心，為生民立命，為往聖繼絕學，為萬世開太平。」這是宋代大學者張載提出的儒家最高道德理想，以此來形容王陽明的一生亦不為過。

王陽明出生於明朝中葉，在那個社會動盪、政治腐敗、學術委靡之時代，他懷著成為聖賢的抱負，以天下蒼生為己任，創下了令人矚目的世功和學說。王陽明生平命途多舛，屢試未中，及第之後入朝為官，在任兵部主事時，因反對劉瑾等宦官為政，被貶謫為龍場的驛丞，後來受朝廷重用，平亂屢建世功，榮封「新建伯」，官至南京兵部尚書。在學術思想方面，他鑽研朱熹「格物致知」的儒家思想，對「存天理、去人欲」之說產生了疑惑，認為朱子學說不是真正的聖人之學，「心學」才能解釋其中的困惑。從而轉學陸九淵的學說，隨後創立了「心學」。

縱觀王陽明的生命歷程，雖然一路坎坷，但他世功顯赫，學名昭昭，成為中國歷史上在立德、立功、立言三方面都有顯著作為的大家。

學者郭沫若先生曾說：「王陽明是偉大的精神生活者，他是儒家精神的復活者。」

哈佛大學教授杜維明甚至認為，王陽明是近五百年來儒家的源頭活水。可見，王陽明在中國傳統儒家文化精神的傳承和立新兩方面的重要地位。王陽明的思想流傳千古，響徹中外，不僅康有為、孫中山等人都從中受益，就連日本海軍大將東鄉平八郎都在其隨身攜帶的腰牌上刻寫：「一生伏首拜陽明」。

王陽明的思想大致分為三個部分：心即是理，知行合一，致良知。

心是天地萬物的主宰，心外無理，心外無物，是心學說的基本觀點。他認為人心是根本的問題，是產生善與惡的源頭。任何外在的行動，事物都是受思想支配的，一切統一於心。

針對當時社會言行不一的弊病，王陽明提出了知行合一之說，糾正了朱熹先知後行的知行觀。他認為知行是不能夠相分離的，知是行的主意，行是知的功夫；知是行之始，行是知之成。總之，有知必有行，有行必有知。

王陽明摸索的致良知的道路，用他自己的話說是「從百死千難中得來」，是「千古聖賢相傳的一點真骨血」。良知人人都有，致良知就是讓心回到「無善無惡」明潔的本真狀態，是透過主體的意識達到自我道德的修養，規範自我的行為。致良知被稱為王陽明心學的核心部分。

王陽明一生堅持自度度人，成己成人的原則。從良知出發，人人皆是平等的，凡人也可以成為聖人。只要維護心為本體，做到心外無物，追求透徹的本心，胸懷灑脫、超然入聖，沒有什麼困難可言！這個思想一出世，便產生了振聾發聵的作用，打破了程朱理學的禁錮，為委靡消沉的社會灌輸了生機與活力，一時間心學佔據了當時學術的主導地位。

王陽明的心學旨在呼喚人的本體意識，著重強調個體本身的價值和自我人性的修養。心學不僅對當時的社會產生了巨大的影響，而且對現在的社會也具有深刻的意義。

面對越來越快節奏的生活，疲憊不堪的人們麻木地追求金錢、地位、名利。精神生活逐漸荒蕪，心靈也越發孤獨。王陽明的學說雖然不是新時代的產物，但能夠啟迪人心，為精神提供養分，這也正是編寫此書的主要用意。

此次編寫的過程參考和借鑑了很多學者的論著與研究，在此表示深深的謝意。再加上編寫者本身能力與水準有限，對於先儒博大精深的哲學思想並不能完全把握，難免有所疏漏，望讀者朋友們給予指正批評。

王陽明先生 畫像

第一章　乘雲降生——明朝出了個王陽明

有子生於彩雲中

「山黯慘兮江夜波，風颼颼兮木落森柯。泛中流兮焉泊？湛椒醑（醑ㄒㄩˇ：美酒）兮吊湘累。雲冥冥兮月星蔽晦，冰崚嶒兮霰又下。累之宮兮安在？日西夕兮沅湘流，楚山嵯峨兮無冬秋。累不見兮涕泗，世愈隘兮孰知我憂！」

五百年前的洞庭湖上，一葉扁舟逆水而行，一位青年站在船頭低聲吟誦。詩不僅是觸景生情用來憑弔楚國大夫屈原，還是在憑弔自己。微風撩起了落在額前的散髮，露出了一雙眼睛，那一路奔波的勞累裡還夾雜著些許憂鬱，然而這憂鬱又不同於哀傷、絕望，反而帶著幾分剛毅。

這位青年正是繼二程、朱、陸後的又一位大儒——王陽明。

王陽明，本名王守仁，字伯安，號陽明。生於明憲宗成化八年（一四七二年），卒於明世宗嘉靖七年（一五二八年），浙江餘姚人。因早年曾隱居在會稽陽明洞中，並創辦過陽明書院，所以又世稱陽明先生。

王陽明的一生除佈滿智慧之外還點綴著濃厚的傳奇色彩，他不但在明朝風靡一時，更是影響後世深遠。他的大名甚至還遠渡重洋，傳到日本，為人所敬仰，是當時叱吒風雲的人物。

王陽明出身官宦地主家庭，追根溯源，祖上可以上溯到晉代大書法家王羲之。兩晉時期，戰亂頻繁、時局動盪，很多的中原士大夫舉家前往江南。當時，位居東晉王、謝、桓、庾四大姓家族之首的山東大族琅琊王氏也在其中。

王氏一族因為晉王朝立下過汗馬功勞，而身分地位與日俱增，乃至其他家族無法比擬，就連一些皇親也對他們禮讓三分。而後，王家煙火續傳，後人一直過著半耕半讀的逍遙生活，雖再未出過顯赫人物，但也被視為書香門第，受到人們的尊重。

到了明朝的成化年間（一四六五—一四八七年），王氏家族的王倫，字天敘，品行高雅，喜愛讀書，尤癡迷於竹。自認月下撫琴，竹林吟詩乃人生樂事。家人受其薰陶，也是愛讀詩書，胸懷寬廣，對於富貴名利，都看作過眼雲煙，不甚在乎。

成化八年（一四七二年）王倫之子王華外出教書，兒媳鄭氏身懷六甲，一家人歡天喜地地準備迎接孫兒的到來。可是，直到立秋之後，兒媳過了產期數月，仍然沒有生產。日子一天天過去了，眼看著兒媳懷孕已經十四個月了，還沒有生產的跡象，王家上下焦急不已。雖然有哪吒的母親懷胎三年，秦始皇在母腹中待十四個月的傳說，但這畢竟不能當真。

一天，王倫的妻子岑氏夜晚入睡做夢，夢境中自己到了雲霧繚繞的天庭，天門向她敞開，四處繚繞著仙樂，令她感到美不勝收。這時，從雲朵深處飄來一位緋衣女子，懷抱著一個模樣乖巧的男嬰，仙女笑盈盈地將手中的嬰兒交給自己。岑氏高興地從夢中醒來，卻真正聽得一陣陣嬰兒嘹亮的啼哭聲，趕緊下床來尋找，竟然是從兒媳婦的房中傳出，她趕緊推醒睡夢中的丈夫王倫。

王倫醒來，聽到這般嘹亮哭聲，猜想一定是個男孩。這時，家裡的僕人前來報喜。

岑氏迫不及待地進入兒媳屋內，抱起孫子，認真細看，竟發現驚同夢中的孩子一模一樣。岑氏趕緊將孫子抱給門外的王倫看，並告訴他自己的夢境之事。王倫歡喜得不得了，直呼孫兒是上天賜的，來自天上的彩雲中。

次日，王倫為孫子取名為：王雲。

王倫的孫子來自彩雲間的消息不脛而走，周圍的人們也都紛紛前來道賀，大家端詳著王雲出生的那座小樓，越來越覺得是祥瑞之兆，於是將其稱為「瑞雲樓」。

王雲一天天長大，一家人都視為心肝寶貝，小心呵護，生怕有一點閃失。儘管如此，王雲還是與正常的孩童不一樣。孩子雖然長得白白胖胖、模樣乖巧，可是直到五歲的時候，居然還是不會說話。王氏一家使出了渾身解數，仍然無法使得王雲開口說話，這可愁壞了王倫。遍訪名醫，卻無法弄清其中的緣由。

一日，王雲正在與一群孩童嬉戲，從遠處走來一位衣衫襤褸的和尚，模樣甚為醜陋。和尚看到一群孩子在玩耍，也被吸引住了，駐足觀看。他的眼光久久地停留在王雲身上，並走過去與他交談，王雲自然無法答話。於是，和尚憐惜地撫摸著王雲，感慨地說這個孩子應該是個神童，只可惜「道破天機」。說完這「道破天機」四個字，和尚也未解釋原因，就轉身離去了。孩童們不知什麼意思，一窩蜂湧到王雲家，將此事告之王倫。王倫聽了孩童們的話，卻不解和尚之意。

此後，和尚的話一直圍繞在王倫的耳邊。終於有一天他悟出了其中究竟：莫非雲兒不說話，是在於名字。於是，王倫就為孫子取了另外一個名字「守仁」。之後奇蹟出現了，王雲不但能夠口齒伶俐地說話了，而且還一字不差地背出了一篇王倫時常吟誦的文章。一家人都非常驚訝，而他只是說，平日裡祖父吟誦，就記下來了。大家聽後，驚喜萬分，都誇他是個神童，日後定當有所作為。

書香門第，承繼香火

王陽明的父親王華是王倫的次子。於成化十七年（一四五一年），進京參加殿試位居榜首，天下皆知。

王倫獲知消息後非常高興，這是王氏遷往浙東後中的第一個狀元。受父親王倫的影響，王華不僅飽讀詩書、才華橫溢，而且為人正直、極富同情心。這種品性在他很小的時候便顯現了出來。

有一天，他與夥伴們在河邊玩耍，一個喝得醉醺醺的人，腳步蹣跚地走到河邊，隨後又東倒西歪地走了。沒過多久，夥伴們都相繼返家，只剩下王華，正當他準備離開的時候卻在醉漢待過的地方發現了一個包袱。他感到好奇，於是打開包袱來看，裡面竟然有不少的銀子。他猜想，包袱很有可能是剛剛那個醉漢遺失的，他心裡想：不管是不是，把銀子丟失的人肯定會回來找的，為了不讓別人把包袱拿走，王華自己坐在河邊，等著失主。

到了夜幕將要降臨的時候，王華終於聽到急匆匆地腳步聲。一看，果然是那個醉漢。王華迎上前詢問他是否丟了東西。醉漢激動地將他如何醉酒走到河邊，如何丟失包袱一事講給王華聽。王華聽後把包袱還給這個醉漢。那人打開包袱發現自己的銀子分文不少，連聲道謝，並拿出銀子表示謝意。王華推辭了，並說，自己若是在乎銀子，就應該早拿著包袱走人了，而不是在這等著他回來取。那人聽後更為感激，執意跟隨王華到家中，特向王華的家人道謝。王倫得知此事後，為兒子的行為感到驕傲。

王華十四歲的時候，在餘姚的龍泉山寺院讀書，同窗的夥伴大多是富家子弟，平時常常仗著自家財大氣粗，捉弄和欺負寺中的和尚。和尚們為了報復，便有意散佈謠言，說寺中經常有鬼魂出入，並經常假扮鬼的模樣來嚇唬他們。果然，這招非常奏效，同伴們都被嚇得倉皇離去，不再到寺院讀書。只有王華若無其事地繼續在寺內讀書，和尚們實感驚奇，為了趕走王華，在一個雷雨交加的夜晚，和尚們故技重施，他們來到王華的屋外裝神弄鬼，卻發現王華絲毫不為所動，神氣自若地在讀書。

第二天，無計可施的和尚們跑來問王華，昨夜寺院被鬼鬧出這樣大的動靜，他為什麼不害怕呢？王華說：「我沒有看到鬼，只是看到幾個和尚在裝鬼。」大家一聽小小年紀的王華說出這樣的話，非常驚訝，暗暗佩服王華的睿智和勇氣。

王華的品學德行頗被當時浙江學政張時敏看重，恰逢浙江布政使寧良要為其子弟挑選老師，張時敏力薦王華前去寧家任教。王華到了寧家，被寧家的數千卷藏書所吸引。他白天認真教課，晚上則挑燈夜讀。寧家的子弟中有幾個頗為頑劣的，想要拉攏王華和他們一起玩樂。他們經常備上好酒，安排美色來引誘王華。王華倒是也頗愛飲酒，但是對於美色卻全然不為所動。一日，飲酒歸來的王華微微帶著幾分醉意回到江邊房中，竟在自己的床上發現兩名嬌豔欲滴的女子，他想要退出房時又發現房門竟被鎖上。慌亂中，王華卸下一扇門板，破窗而出。他就這樣，擁著門板，隨著江流而去。王華的這種堅持令寧氏子弟頗為敬佩。

在寧家三年的時間，王華學問大長，他差不多看完了寧家所有的藏書。因此，王華日後高中狀元，在很多人看來也是意料之中的事情。王陽明年少的時候就經常聽到大人們將父親王華的逸事傳為美談，他也頗受影響。

少年得志

王華的光芒，對王陽明的成長產生了潛移默化的積極影響。

自宣宗宣德元年（一四二六年）開始，在內府設有內書堂，專門用來培訓小宦官的參政能力。而在內書堂任教的翰林官日後則多會得到宦官們的關照，雖然並無直接資料證明王華曾在內書堂任職，但他的幾位同僚卻是教過正德朝的大宦官劉瑾，並還常向劉瑾推薦王華的人品和學問。

再加上王華高中狀元，隨著內閣地位的不斷上升，新進士一入翰林，便被時人視為「儲相」。基於此，王華在當時是被人刮目相看的。

但面對十里八鄉親友的道喜和祝賀，王倫卻是淡然處之，依然表現得和平日無任何異樣，兒子的風光似乎與他無關。這份不動聲色的態度，對當時僅有十歲的王陽明來說，無疑是個觸動。

雖說文人常言要淡泊名利，但生活在一個充滿名利誘惑的社會環境中，又有誰能真的看空這一切呢？

雖然王陽明也為父親高興和自豪，但是他更多的還是攻讀自己的書本，以學業為重。或許是受了祖父處世觀的影響，王陽明不以一般的讀書、作詩為滿足。他有自己的志向，即透過讀書成為聖賢。

一次，私塾先生對在座同學發問：「世上什麼是第一等重要的事？」大家紛紛說登科及第最為首要。唯王陽明不以為然，他自認為仕途並非讀書的最終途徑，成為聖賢才是歸途。

雖是想成為聖賢之人，但王陽明卻並未像古往今來那些聖賢之人一樣，循規蹈矩地恪守古訓，安分守己地去攻讀聖賢之書。他認為要成為聖賢，讀死書是沒有用的，需要從多方面來鍛鍊自己，增長才能，擴展知識。

這樣才能成為聖賢，對於王陽明的這種心態，郭沫若如是說：「一種不可遏抑的自我擴充的努力明明是在他青春的血液中燃燒著的。他努力想成為偉人，他便向一切技能上去追求。人所一能的他想百能，人所十能的他想千能，人所百能的他想萬能了。」（《郭沫若全集．王陽明禮贊》）

王陽明並不因為自己跋涉在追求聖賢的道路上，就恪（恪ㄎㄜˋ）守規矩，他天資聰穎，腦子靈活。所學知識一看就會，所以不願意長期待在私塾，經常偷跑出去玩遊戲。他最愛玩的是軍事遊戲。因為他對《孫子兵法》尤為感興趣，每逢家裡請來賓客時，王陽明便用果核與客人們擺兵陣。常常是客人們的兵陣剛擺出來，王陽明就立刻想出了克敵的陣勢。雖然，為此事沒少挨父親的罵，但他依然樂此不疲。

少年天性，總是無法遏制。王陽明因為蹺課偷玩之類的事情，沒少受到父親和祖父的責罰，但他依然不克制自己崇尚自由的天性。在他少年時候，還有一件傳聞更加出格。

他十三歲時生母去世，王華的妾便仗勢常常欺侮、虐待他。他不堪忍受，便想出了一個前無古人的應對之法。

王陽明偷偷在街上買到一隻叫長尾林鴞的怪鳥，放到父妾的被褥裡。然後和一位神婆串通好，等那位妾被怪鳥驚嚇，派人請來這位神婆作法時，神婆便依照王陽明之前教她的話說，說這隻鳥是王陽明的生母化成的，是來懲戒她平日對王陽明的不好。

至此之後，那個小妾再也不敢對王陽明無禮了。而王陽明玩世不恭，豪邁不羈的名聲也傳了出去，但王陽明並不在乎外人對他的評論，他依然恪守當初自己立下的目標，要爭當一位聖賢人。

但這樣一個性格乖戾，不循規蹈矩的孩子，將會走上一條怎樣的「成聖」之路呢？

鋒芒乍現露文才

王華在京任職，王陽明便一直跟隨在祖父身邊。雖不能時常見到父親，但從鄉親和街坊的口中，王陽明還是能夠聽到有關父親的一些消息。王華的成就讓王陽明對自己的父親深深敬重。

成化十八年，王華任職翰林的第二年，王陽明得到了一個和父親團聚的機會，王華在京城略有小成，他便差人前去家鄉接父親和兒子到京城生活。在尚未出過遠門的王陽明看來，這簡直是個天大的喜訊。得到消息後，他就日日盼著能夠早日啟程。既能領略沿途風光，又能見到敬重的父親。

王倫妥善安排完家裡的事後，就帶上孫兒，乘船前往京城。那時的河運已是非常發達了，北上的船隻沿途所經之處，如杭州、蘇州、無錫、揚州、淮安、德州、天津等地均是繁華的都城，這讓王倫祖孫二人大開眼界。

王倫雖然飽讀詩書，對各地的名勝古跡瞭若指掌，但是，經濟上並不寬裕的他，卻一直沒有機會外出遊覽。這次往京城，難得的機會讓他親臨這些地方。而對於年幼的王陽明就更是難得，每到一處更是興奮不已。

一日，王倫一行到達鎮江西郊的金山寺，這是傳說中青、白二蛇和法海苦鬥的地方。始建於東晉，是鎮江的名勝古跡。到達時雖然天色已晚，但是寺中仍然人來人往，香火極旺。站在金山寺向遠處望去，暮靄之中的群山、樓閣、樹木都若隱若現，再加上天空繁星點點與江上的燈火渾然天成，一陣風吹來，令人心曠神怡。

大家遊興正濃，興致頗高時。有遊客邀請王倫作詩來助興。正當冥思苦想，不知如何下手時，只聽：

金山一點大如拳，打破維揚水底天。
醉倚妙高台上月，玉簫吹徹洞龍眠。

這讓大家頗感意外，循聲望去，竟是王陽明。眾人齊聲讚歎：好詩、好詩！見他如此才思敏捷，一位遊客有意想要考考他，希望他以天上的明月和遠處若隱若現的群山為題，再作詩一首。王倫聽後生怕為難了王陽明，連忙以孩子年紀尚小，不會作詩為由推辭著。但是，王陽明卻鎮定自若，稍作思索，便吟誦道：

山近月遠覺月小，便道此山大於月。
若有人眼大如天，還見山小月更闊。

好一個「人眼大如天」，小小年紀便能作出這般氣勢雄渾和耐人尋味的詩句來，確是相當的不凡。頓時，喝采聲四起，大家紛紛向王倫道賀有如此聰明伶俐的孫子，日後定會成大器。

少年時期的聰悟，為王陽明以後的深入求學奠定了良好的基礎。而王陽明卻沒有因此而揚揚得意，他依然堅持博覽群書，勤於思考，不斷深入地研究世人的思想。

何為人生第一等事

王倫祖孫二人一路遊山玩水，好不自在。當船到達通縣後，就轉為乘車前往京城。關於京城這個有著說不完道不盡的歷史文化名城，王陽明甚是好奇。一踏上京城的土壤，他就迫不及待地四處張望，寬闊的街道、宏偉的城樓、各式各樣的服飾以及往來的牲畜都讓他驚喜不已，他恨不得立刻去看個夠。

久候多時的王華和父親王倫寒暄幾句後便著手安排兒子的生活。其實，在準備接兒子來京城起，王華就已經為兒子的一切做好了安排，起居飲食，包括學業。親自調教兒子，是王華這次最為主要的目的。由於常年在外的緣故，兒子王陽明受祖父的影響極深，雖然父親王倫教育子女十分嚴格，但是對著這個孫子又多少有些溺愛，所以接到京城親自管教對兒子的將來應該是最好的。

慢慢熟悉並且適應了京城的生活後，王倫便安排王陽明去家附近的私塾讀書。這讓尚且沉浸在興奮中的王陽明感到些許不滿。畢竟，比起外面繁華的花花世界來，私塾裡的《三字經》、《百家姓》的確是枯燥乏味了一些，更何況，這些書本，他在家鄉的時候就已經背誦得滾瓜爛熟了。

但是，王陽明不敢違背父親的意願，只得每日勉強前往私塾讀書。時間久了，王陽明便在枯燥的生活中找到了新的樂趣。那就是四處遊玩，因為在王陽明上學的路上，要經過一條很繁榮的商業街，街面上吃喝玩樂，應有盡有，這讓王陽明興趣盎然。

他一有時間就和同學到街上遊玩，盡情地在川流不息的人群中，看著小商小販們叫賣，看著各行各業的人在做自己的事情。

沒多久，王華就發現了王陽明這個小秘密，他非常生氣，並且嚴厲地訓斥王陽明，但是由於有祖父在，他認為孫子是愛玩一些，但也不是什麼壞事，只是孩童的天性使然，不需要過分束縛。王倫甚至覺得正是孩子聰明，才能夠這樣會玩。所以，王陽明倒也沒有受到多大的責罰。靠著祖父，他更是為所欲為。

玩鬧歸玩鬧，王陽明的思想卻也是隨著年紀的增長而日趨成熟穩健起來，他並沒有忘記當日立下要成聖賢人的目標。

一日，私塾先生與學生在討論何為人生在世，第一等大事的時候，王陽明要成為一個聖賢人的心願愈加強烈了。大家都說像他父親那樣，金榜題名，考取功名是大事。

但王陽明卻無法認同他們，雖然大家言辭一致，不過，王陽明依然堅持自己的看法。古人云：萬般皆下品，唯有讀書高。按照常理，讀書的目的就是要去參加科舉，一旦金榜題名，就會有黃金屋、千鍾粟、顏如玉。簡而言之，讀書考科舉是自然也是必然之事。而小小年紀的王陽明竟口出狂言把「做聖賢」視為人生第一等事，在人看來有些好笑，又有些張狂。

這件事情傳到了王陽明家中，王華對兒子這種桀驁不馴的性格很是擔憂。倒是祖父王倫非常興奮，他沒想到孫子小小年紀竟然有如此追求，假以時日肯定會有大出息。

其實王華不知道，王陽明堅持自己的信念，不人云亦云的品質，還是從他這裡沿襲下來的。

有一次，王華想要為家中蓋一座小樓，就在小樓即將完工之時，不知何故，一場突如其來的火災令小樓化為灰燼。當時許多親朋好友都來責怪王華，說他是因為動工之前，沒有敬奉神明，而遭到了神明的責罰。

王家上下的人聽到這個言論，終日惶恐，生怕大難再次來臨，可唯有王華不為所動，他再次召集工人開工，這次小樓平地而起，完美竣工，並未遭受什麼因果報應。

王華的舉動影響了王陽明，讓他知道今後的人生無論遇到什麼險阻和艱辛，都要堅持自己的主見，而不是人云亦云。所以，這次，他也依然堅持自己的看法，而不是隨大眾，擠在科舉的獨木橋上。

當時年僅十二歲的王陽明是否真的明白聖賢為何物？這並不重要，重要的是這個人生的理想確實已經悄悄地在他的心中生根發芽。講到做聖賢的理想，王陽明曾在晚年時回憶說，應該是受到一個街頭相士的點撥。

有一天放學，王陽明像往常一樣和夥伴們在大街上閒逛，偶遇一個相士，他看著王陽明留下一句：「鬚拂頸，其時入聖境；鬚至上丹台，其時結聖胎；鬚至下丹田，其時聖果圓。」便離去。這句話被王陽明深深地記在心中，他常常深思這句話的含義。

「何為人生第一等事？」少年時期的王陽明思考這樣的問題時，足以可見，他已經對人生開始進行思考。而且不是人云亦云，而是用屬於自己的方式進行思考、回答。

另類出走，試馬居庸關

朝夕如流，一晃王陽明已經在京城居住兩年有餘，十三歲的王陽明生活的年代，正是明末時期，皇帝昏庸，貴胄沉迷酒色之中的落寞時代。黎民蒼生正為了一條卑微的生路而拚死反抗。

華夏大地上，四處硝煙竄起，刀光血影。王陽明看到這連年的征戰，不無感慨地對王華說：「今天下波頹風靡為日已久，何異於病革臨絕之時。」

意思是說，現在天下紛然擾亂這麼長時間，就像一個人久病快死亡了，這可怎麼辦呢？與此同時，邊關也不太平，明朝曾多年遭受周圍其他部落的侵襲，先是蒙古瓦剌部的挑釁和掠奪，瓦剌衰落後，又被勢力日漸升起的韃靼所侵擾，民眾苦不堪言。

英宗正統年間，瓦剌部落部長脫歡向明朝發動大規模進攻，竟然直取皇都，俘獲了英宗皇帝，明朝耗資數以萬億的金銀珠寶，才得以換回這座江山的主人。日暮西沉，所生活的王朝此時已是建立一百年了，經歷了驚心動魄的開國時代，經歷了五光十色的興盛發展，而今留在王陽明眼中的，除了積弱，便是無奈。

眼看國不成國，雖然父親王華一再督促他好好讀書，以待將來考取功名。可王陽明卻無法在這樣的環境下，安心唯讀聖賢書。終於，一天，他偷偷從家裡馬廄偷出一匹快馬，策馬狂奔，出了關外。

遠離京城，王陽明不由得心事浩茫起來，一心追求聖賢之路的他，面對廣闊的天地，不禁思緒翻湧。大明朝自開朝至今，多少聖賢人前仆後繼地倒在了前行的道路上。

如果說聖人方孝孺的倒下是明朝文人悲劇的伊始，那麼賢人于謙之死則就是蒼生淪陷的開始。方孝孺乃大義凜然，于謙則是眾生活下之契機。人，總是要有一些精神的支撐才能活得下去的。

大義失去，還有活的希望，依然可以勉強地走下去，可是時至今日，內憂外患，那麼腳下的路究竟還在何方？

王陽明正是在這無窮無盡的思索中慢慢成熟的，他不斷地思考，不斷地在逐漸複雜的環境中尋找自我的根本。在居庸關考察的那一個多月的時間裡，他登長城，評古跡，思戰略，經略四方之志在那個時候終於醞釀成熟。

邊塞之行如果說是王陽明的任性為之，那麼在他結束行程，打道回府之時，更是任性了一次。

他和隨從正騎馬回走，迎面看到兩個騎馬的韃靼人向他們走來，在那個談「胡」色變的時代，王陽明不但不躲閃，反而迎上前去。雙方大戰幾個回合，王陽明因為年紀太小，雖然傷了這兩個韃靼人，但未能取其性命，讓他們逃走了。

但是這件事情後來流傳開來，人們對王陽明過人的膽略和勇氣一直奉為佳話。

一個月的行程王陽明收穫到在京城養尊處優的生活中無法體驗的感受，這一趟，使得他身上少了一些斯文，增添了一些俠客的勇猛和威嚴。在回京的那天夜裡，王陽明還做了一個夢。夢見了自己特別崇拜的東漢將領馬援，兩人不僅相見，王陽明在夢中還作了一首詩：

卷甲歸來馬伏波，早年兵法鬢毛皤（皤：白髮）。

雲埋銅柱雷轟折，六字題文尚不磨。

馬援的一生經歷過無數次的戰爭，建立過很多卓著的戰功。他的事蹟激勵著後世許多人報效國家、血濺沙場。從這首詩中，可以看出王陽明對馬援的崇拜，也可以看出小小年紀的他就已經有了要建立事功的志向。

回到京城，王陽明內心深處的豪情被激發了出來。他開始更加關注天下事，還有自己的想法，甚至要把自己的想法和謀略上疏給朝廷。這種幼稚的想法在父親王華看來是不切實際的，王陽明的種種行為也遭到了父親的阻撓。但是，這些都不妨礙已經有了「做聖賢」、「立世功」這兩大志向的王陽明繼續洞察世事。

格物從悟竹開始

宋儒朱熹的學說在明朝備受推崇，朱熹也被人們奉為繼孔孟之後的又一大聖賢。因此，為做「聖賢」的王陽明在十七歲的時候開始鑽研宋儒，找來朱熹的所有著作，認真閱讀起來。

朱熹眾多的思想中「格物致知」是非常流行的一種觀點。關於「格物致知」，不同人有不同的解釋。在朱熹看來，每個人每天都要與紛繁複雜的事物打交道，有些事情做起來可能已經熟能生巧，但卻很少有人知道或探究其真正的道理，這樣一來，事物本來的原理就很難被人們認識到。因此，朱熹提出「格物致知」，要求人們不僅要瞭解實物的表面，還要深入鑽研，探究事物的原理。怎樣「格物」呢？「格物」就是和事物面對面，用理性去瞭解和徹悟事物的道理。只有不停地去「格物」，才能夠弄明白事物的本質和規律，才能夠達到「致知」的思想境界，才能夠進入聖人的境界。

王陽明對朱熹的學說是深信不疑，不僅從內心裡非常推崇，奉為圭臬，而且也積極地將其付諸行動。王陽明有一個志同道合的錢姓好友，兩個人總在一起探討如何成為「聖賢」。一天，這位好友前去王陽明家中作客，兩個人在一起探討學問，談到朱熹的學說，實為興奮。由於王陽明的祖父王倫喜愛竹子，所以在他家的園中有一片竹林。見到這片竹林，王陽明突然眼前一亮，提議道：既然朱熹認為一草一木都有它存在的至理，「格物」就能夠「致知」，那麼何不效仿一下，就從這個竹子開始探究。

錢姓朋友聽後，覺得很有道理，於是就跑到竹林去「格」竹子。寸步不離地面對著竹子整整三天，錢姓朋友積勞成疾，最後病倒了。王陽明心中暗暗地較勁：既然你倒下了，那我自己也來。於是，王陽明也如錢姓朋友一般整天的在竹林裡潛心地「格」，一天一天地過去了，越是想要「格」出些什麼理，就越沒有真正地「格」出。這樣堅持了七天，王陽明最終也因耗盡了心力而病倒。事後，兩位好友再見面的時候，都深深感歎格物的困難，成為聖賢的不容易。

「格」竹子的經歷雖然失敗了，但是這件事情卻對王陽明產生了深遠的影響。據後來王陽明的學生記載，先生像「格」竹子這樣的經歷還不止一次，他想從一個具體的事物身上悟出萬物的道理，或許和朱熹所講「格物致知」有一定的區別，但是從這一事件中可以看出王陽明想要做聖賢的心志，以及後來他從不斷的失敗中體驗出做聖人或者可以另尋他路，而非透過「格物」。這就為他走上自己的學術探索之路，提出心學的觀點打下了基礎。

第二章 求學生涯——吾當上下而求索

新婚之夜新郎竟不知去向

到了弘治元年，十七歲的王守仁從餘姚來到父親身邊已經五、六年了，剛到京城時那個乳臭未乾的毛頭小子，經過幾年的發育成長，已經長成氣宇軒昂的青年了。

王華看著兒子長大成人，到了參加科舉考試的年紀，十分欣慰。按照當時的規定，參加鄉試是要回原籍的，所以王華打算讓王陽明回老家。

就這樣帶著如何成聖的疑問，王陽明回到浙江老家。那時，他的生母鄭氏早已去世多年，家鄉雖還有一些舊時的親朋，但畢竟時間太久，生疏遠離，內心上無法做到真正的親情接近。

王陽明回到老宅，睹物思人，再一次感受到人生一世，生死不由命的殘酷。他再次覺得人生一場，不過是本來無一物的旅程。消極的情緒逐漸滋生，佔滿王陽明的內心，讓他更加刻苦地鑽研道家思想。

說起回鄉，王陽明還有任務在身，他還不能隨心所欲地做他想做，想他所想的。他這次返鄉，還需要完婚，從一個懵懂少年步入一個成年男子必經的道路。

他未來的岳父叫諸介庵，是本地人，是王華的至交好友，現任江西布政司參議。所以，這門親事在王陽明很小的時候，兩家人便已經說定了。此時，王陽明成人，可以娶妻生子了，他便需要完成雙方家長定下的這個約定。

俗話說，人生有四喜：久旱逢甘霖，他鄉遇故知，洞房花燭夜，金榜題名時。但王陽明對這人生之大喜卻似乎並不感興趣。在家人為了他的婚事忙翻天的時候，他卻還有心情在野外踱步思考，思考宇宙之奧妙。

走著走著，王陽明猛一抬頭，卻發現自己早已不知道踱步到了哪裡，誤入了藕花深處了，他眼前出現一座道觀，名為「鐵柱宮」。

「鐵柱宮」又叫萬壽宮，是為了供奉為民除害的許遜而建的，這個許遜是東漢時期的人，傳說其英勇無比，曾帶領百姓與猛獸孽龍搏鬥，保護了一方百姓。之後又傳言許遜修煉長生之術，大功告成後一家人都升天成仙。當地的百姓尊稱他為「許真君」，還專門為其修建了廟宇，以供奉祀。

王陽明走進道觀，發現道觀裡坐著一個閉目養神的道士，鶴髮童顏，兩個人便攀談起來，越交談越是覺得相見恨晚。兩人從人生談到世事，從世事又談到養生。不知不覺中竟然到了深夜，尚不覺得盡興，一直歡談到了天亮，東方既白。這時，王陽明才猛然想起錯過了自己的新婚，於是趕忙回府。

此時，府內上下早已經是鬧翻天了，新婚當日，新郎官無故失蹤不見，滿堂賓客濟濟一堂，這可真是被看成了大笑話了。

諸老爺很生氣，他派人四下尋找無果，正想要不要退婚之時，王陽明氣喘吁吁地跑了回來。大家詳細追問之下，得知新郎官居然是前去道觀與道士暢談一夜，這種理由，讓諸老爺好氣又好笑，但既然回來了，親還是要成的。

於是，有驚無險，王陽明完成了人生的一件大事，但鑑於這次教訓，諸介庵為了防止這個「落跑新郎」到處亂跑，便讓他到自己的官署上班。每日按時報到，處理公文。

而王陽明也算老實，沒再做出讓諸老爺心有餘悸的事情來了。官署清閒，實在無事可做，每日的公文只需半個時辰就可以完成，實在無聊的王陽明便練習書法，來打發時間。

日積月累地練習，倒是讓他的筆法精進不少，明朝著名書法家徐文長在評價他的字時認為：王羲之以書掩人，王守仁以人掩書。

但王陽明畢竟是坐不住的人，久而久之，還是喜歡四處遊蕩，鄉里鄉親評論他，多了些痞氣，雖然諸老爺有些不滿，但是看著眼前這個十五歲就出居庸關玩命的年輕人，氣又不知從何處出，也就沒有深責他。

為此，王陽明心中更加感到愧疚，不僅是愧對寬容的岳父，還有他那新婚的妻子。後人有說王陽明「懼內」，卻很少有人知道他之所以懼內的原因，也許是新婚之夜玩失蹤有所愧疚。

苦心追求心學的境界

成婚第二年，王陽明帶著妻子返回京城，途中經過上饒，特意下船拜訪了大儒婁諒。尚不更世事的王陽明，還沒有經歷過大風大浪，對於自己今後的人生有過很多的設想。其中最熱衷的莫過於他在年幼的時候朦朦朧朧定下的目標「做聖賢」，他認為這是人生的第一等事，為此他苦讀書籍、潛心鑽研。

除此之外他受到身處官場的父親的影響，接觸到了很多仕途的官員，因此他經常想像著自己如果能夠建立功勳，造福一方百姓該是何等榮耀的事情。而他自己又非常喜愛兵事，幻想當一名俠客。

於是他熟讀兵書，經常用一些石子等玩意來模仿兩軍對陣，研究制勝之道，指揮千軍萬馬，縱橫疆場又該是何等輝煌。這樣三個目標在他的頭腦中交叉出現，不斷推進著他此後的人生。

雖然一心想要成為聖賢，卻又找不著真正的途徑。不過，人常常能夠因為一些偶然的事件而使自己的人生有所改變。此次與婁諒的見面便是他人生更改的一次契機。

婁諒也是個怪人，他早年進京參加會試，走到杭州之時，卻突然返回。大家問他緣由，他只是神秘地說：「此行非但不第，且有危禍。」果然，沒幾天，會試的貢院起火，燒死了很多人，而他因為沒去參加，逃過一劫。

這件事情後來在黃宗羲的《明儒學案》中經過論證，得出結論說這是因為婁諒「靜久而明」有了神術。古人自有古人的理論之法，不管怎麼說，婁諒的學問卻是真材實料的。

早年，他四處拜訪名師，為的也是能夠成為聖賢之人，可是在遍尋天下儒士之後，他失望地發現，「都是些舉子學，不是身心學」。他認為這些人都沒有自己真正的想法，不過是在捧著一堆書本然後人云亦云。

所幸的是，他最終找到了江西臨川的著名理學家吳與弼。吳將朱學視為正宗，自然影響了婁諒。婁氏認為「聖人必可學而至」，只要不斷地努力，就可以成功。從儒學來講，這個道理其實是通則，不過它正好解答了王陽明存在於內心多年的疑惑，也堅定了他想要成為聖賢的志向。

所以，王陽明與婁諒相見恨晚，二人相談甚歡。

婁諒很是欣賞王陽明，因為他和自己年輕的時候有很大的相似之處，都有成聖的志向。婁諒接觸過很多的年輕人，但是很多人做學問都是憑藉一時興起，難以真正靜下心來，始終如一地做下去。看到王陽明之後他心想：倘若王陽明能做到如此，那麼也是天下一大幸事。

王陽明受到婁諒的影響，從他早期的一些思想就能夠看出來，兩人有很多共通之處。黃宗羲就曾經在《明儒學案》中講，心學的始端來自婁諒。婁諒提倡「身心學」，反對「舉子學」，這些也都是心學的思想。

婁諒對王陽明思想的點撥起了很大的作用，因此，王陽明十分敬重婁諒。這從後來王陽明平定寧王叛亂之後，按照禮數安葬婁諒的女兒就能夠看出來。

王陽明苦心追求的心學境界在當時能夠滿足很多人的心理需求，解答精神的困惑。而他的學說正是因為反映了當時人們的社會心態，才受到了人們的認可和肯定。

落第的苦悶

拜訪婁諒，使王陽明受益匪淺，尤其是縈繞在他頭腦中很久的問題，即「如何才能成為聖賢」，得到了解答和貫通。在經過婁諒的點撥之後，王陽明如醍醐灌頂，就像一道陽光射入了黑暗的屋子，頓時明亮。

但世事無常，王陽明在思想的道路上積極前行之時，卻是要經歷一次親人離散的悲慟之傷了。

弘治三年，竹軒公王倫去世，祖父的死對於王陽明來說是個非常大的打擊，他和祖父之間的感情非常深厚，甚至在他的身上都可以看到很多王倫的影子。

在家人的勸慰下，王陽明逐漸平復了心情，並且開始認真準備三年一度的科舉考試。明朝時期的科舉考試內容，主要是在宋儒朱熹等人對四書五經的解釋為據進行闡釋，有了之前對朱子學說的研習，所以，這對於王陽明來說可謂得心應手。

而後不日，王華回老家守喪，順便給家族裡的子孫們講經解義，應對科舉。王陽明便也一起隨大家上課，背誦教材內容。閒暇之時，幾位王家子弟相互切磋，但都以王陽明的功力為最深厚，大家都驚呼：「彼已遊心於舉業之外，吾輩不及也！」

在日漸刻苦的學習中，漸漸的，王陽明的變化越來越大，昔日這個性格開朗、活潑的人，變得一本正經，整日裡端坐學習。大家在一起研討的時候，他除了發表自己的觀點之外就沒有多餘的話了。大家紛紛詢問原因，王陽明解釋道，他十分後悔過去太過於放任自己，所以從今以後要注意規範自己的行為，做到內斂、謹慎，不輕易為之動容。

其實，王陽明這般刻苦認真，與其說是後悔過去太過放縱自己，不如說是當日格竹的失敗，將他逼到了人生的分岔路口之上。多年以來，為了能夠成為聖賢人，他遍求朱熹遺書讀之，希望能夠在思想上有進一步的提升。

可是，事與願違，上天總是要對身兼大任的人給以更多的考驗和磨練，所以，王陽明的前行之路，格外崎嶇。他甚至都有所動搖，自己從小就堅持要走的道路，是否值得再走下去。

所以，走上科考之路，如果金榜題名，或許，也就沒有了日後為萬人所紀念的王陽明了。

所幸的是，王陽明雖然文采斐然，才高八斗，但是，弘治五年（一四九二年）秋天，科舉考試結果見分曉，二十一歲的王陽明在浙江鄉試中中了舉人。之後，按照當時的定制，他得到了參加會試的資格。不幸的是，王陽明落榜了。

這個時候，父親王華晉升為右春坊右諭德，為此招來一些阿諛奉承之人，在登門道喜的同時大家對王陽明的落榜表示遺憾，安慰他下次科舉考試肯定能夠像父親一樣高中狀元。王陽明倒也顯得非常豁達，不太在意這次考試的結果，這卻引來旁人的閒話，認為他目中無人。

其實，明朝那個時候的科舉考試早已被制式化了，設立科舉的本意，無非為了求得聖人之道和朝政之勢的有機結合。但是明朝末期，學術與政治從來都是不能兩相融和的。這也使得王陽明空有一身的抱負和學問，但卻無法在仕途上邁出第一步。

而且，王陽明成名過早，鋒芒畢露，這樣的人不是當權者所喜愛的。自古以來，露鋒芒者必遭人嫉恨，所以，才有了那些身懷絕技，但卻裝作無知的人，他們一向懂得低調那博大精深的道理深處，可惜，王陽明卻不懂，他一再流露才華，非但沒有為他走上仕途而加分，反而是添了絆腳石。

三年後，王陽明第二次參加會試，再次落榜。而這時，也有一些嚼舌根的人道出了他落榜本質所在：「此子如中第，目中不會有我輩矣。」

所以，雖然這次會考是因為那場至今仍然撲朔迷離的「會試洩題案」。風流才子唐伯虎被黑心富二代徐經給坑了，倒楣的王陽明因為和唐伯虎同科應考，被他連累，成績作廢。

但落榜還是說明了王陽明出頭的日子還未到來，「苦其心志，勞其筋骨」，王陽明在左衝右突、反覆中磨練。儘管當時很多人都覺得應該以落第為恥，但是王陽明卻說「世以不得第為恥，吾以不得第動心為恥」。考取功名，落榜是正常的事，不需要對此過分在意。

話雖如此，但從小未經受挫折的王陽明依然感到有些心灰意冷，他回到了老家，組織了一個龍泉山詩社。

組建龍泉山詩社

考場失意，寄情於山水詩畫之間，這是古代文人常常會做的事情。王陽明雖然認為謀事在人，成事在天，也說「世以不得第為恥，吾以不得第動心為恥」，但落榜大事，還是對他有所觸動。

回到家鄉後，他的龍泉山詩社熱熱鬧鬧地展開，明朝的文人騷客多喜歡結詩社、辦文會，以此能夠與志同道合的人士暢談、切磋學問。

而且，詩社的作用影響有時也會很大，萬曆年間，張居正為了順利推行新政，曾想盡辦法全力打壓各地書院。為了反抗張居正，那時出現一個狂人，名曰顧憲成。

此人是憤青的典型，評論家的先驅，他言辭激烈，深刻地批判張居正和他推行的新政。但胳膊畢竟拗不過大腿，顧憲成口才再佳，也不是勢力巨大的張居正的對手，很快，他被辭退官職，只得回家賦閒。

回到家中，顧憲成依然不肯停歇，他著手成立了日後大名鼎鼎的東林書院，專門用書院來點評天下時事，憂國憂民，當稱之為時政的最大評論基地。當然，王陽明並未有顧憲成這樣的政治覺悟，他辦的詩社，不過是為了抒發情緒，吟詩作對而已。

而且他的詩社成員人數也不多，沒有名噪一時的文人，大家聚在一起，無非就是下棋飲酒，遊山玩水。

餘姚純樸的民風，樸實的文人，和多年來在京城所感受到的浮誇的文人之風是大有區別的。在創辦詩社的這一段時期中，王陽明以詩言志，抒發苦悶，佳句迭出。如：「我愛龍泉寺，山僧頗疏野。盡日坐井欄，有時臥松下。」在龍泉山清秀的環境中，王陽明度過了他人生中最為愜意悠閒的一段時光。

「君不見富貴中人如中酒，折腰解酲（酲ㄔㄥˊ：醉酒）須五斗？未妨適意山水間，浮名於我亦何有！」這是他那時內心真實的感受，他畢竟是烈鳥，需要一片天空展翅高飛，一片山坳無法滿足他內心強大的願望。

所以，漸漸的，王陽明發現這和他自己想要的生活越來越遠。整日「吟誦風月，擺弄花草」，充其量不過是個詩人，是個名士，自己想要的是「做聖人」。為此，他開始反省，經常思考自己今後的人生該何去何從，如何才能一步步實現自己的理想。

雖然龍泉在餘姚城裡，算是一處風景秀麗的地方，山清水秀，空氣清新，清靜幽雅，如若在這裡終老一生，也算不枉此生，可是王陽明在一段時間的沉寂之後，那顆看似平靜的心逐漸蠢蠢欲動。他的這種心境在一首詩中表露無餘：

學詩須學古，脫俗去陳言。
譬若千丈木，勿為藤蔓纏。
又如崑崙派，一洩成大川。
人言古今異，此語皆虛傳。
吾苟得其意，今古何異焉？
子才良可進，望汝師聖賢。
學文乃餘事，聊云子所偏。

這首詩將王陽明焦灼不安的心體現得淋漓盡致，他的人生並沒有因為龍泉山詩社而終止。

在這首詩中，我們也已經看出他萌生出打通古今創心學的念頭，「成聖賢」更是他內心最後的歸屬。他知道，自己雖然飽讀詩書，但是兩次科舉失利也是不可爭辯的事實。即使自己一向對於功名利祿並不在乎，但是如果不能在科舉考試中嶄露頭角，即便無論多大的理想和信念都無從談起，更不用說實踐。於是，他又離開了龍泉山詩社，離開了餘姚，於一四九五年再一次回到了京城。

在龍泉山詩社兩年的生活，王陽明拋開了紛繁複雜的世俗，為自己提供了思考和反省的機會，為他今後的生涯積蓄了力量。

為聖路上兩彷徨

弘治十年，二十六歲，已經快要接近而立之年的王陽明再次回到京城，那個當初讓他重重跌了一跤的地方。

回到京城之後，他的內心深處還是充滿了彷徨和矛盾，一面是「做聖賢」的人生理想，一面是多年來追求的考科舉，他的心一直在理想與現實之間徘徊。一四九六年，王陽明第二次會試失敗。

再次的打擊讓王陽明冷靜了很多，他開始用心鑽研兵法，繼續孩童時代的樂趣，不過此時，他更是想要發展成為事業來研究。

每遇賓宴，經常「聚果核列陣為戲」，這時的王陽明已然是不想在仕途之上太過浪費時間，而是想成就一番統御之才。可惜的是，他雖有報效國家之心，國家卻不給他這個機會。弘治時期，明朝的軍事防禦能力已經接近於崩潰邊緣，已不再具有主動出擊的軍事意志了。刀槍入庫，兵士懶散，大明的統治者日日笙歌，夜夜買醉，想的無非就是今朝有酒今朝醉，明日再說明日事了。

然而，文恬武嬉局面，並未讓王陽明放棄演習軍法的熱情，他對於兵法的鑽研，日後還被他運用到了心學上，權謀策略的思想，與心學上的制敵之道有著異曲同工之妙。

透視兵學可以說是一種科舉失敗後反彈的情緒，在這種熱情當中，王陽明成聖成雄的儒生念頭燃得更加旺盛。他用屬於自已的一種獨特的方式探索著成為聖人的道路。一直到二十八歲那年，王陽明參加第三次會試，皇天不負苦心人，這次總算榜上有名，他中了進士。

不過，不同的是，王陽明在中進士之後，並沒有被朝廷直接授予官職，而是被派往工部觀政，按照現在的話說就是實習，先讓他去熟悉一下工部的事務。當時，工部正在建造威寧伯王越的墳墓，這是一位明朝的將軍，在官兵中享有很高的聲望，或許朝廷也是有意要考驗一下這個看起來如此傲氣的人的能力，於是就將監督工程的任務委派給了王陽明。

監督工程本來是一件並不繁瑣的事情，但是王陽明非常希望能夠在這件事上做出點成績來，於是就頗費了一番心思，想到了用兵法之道來組織、管理民工。他把參與修建墳墓的民工視為士兵，採用軍事化的管理方式，明確了各自的分工和職責，並統一制定了勞動和休息的時間，他將這種方法稱為「什伍之法」。

同僚們對王陽明的做法在感到新奇的同時又感到好笑，覺得他是多此一舉。但王陽明卻不理會這些，而是從容、淡定、一步步地按照自己預期的計畫來實施。待到工程完工之時，王陽明的這種方法產生了非常好的效果，墳墓不僅建造得非常宏偉、壯觀，且大大縮短了工期，提高了效率，那些懷疑他的人不由得對他另眼相看，王陽明的才華和能力也得到了大家的認可。

威寧伯的家人對墳墓的建造也非常滿意，為了表達感激之情就贈送金銀給王陽明，但是被他拒絕了。最後，打聽到王陽明非常癡迷於兵法，就將威寧伯生前的佩劍送給王陽明以表謝意，這他才收下這份謝禮，並對這把寶劍愛不釋手。

王陽明觀政之時，非常繁忙。儘管如此，他想要成為「聖人」的願望卻越來越強烈。平日裡他都會擠出時間來鑽研宋儒，但是在這個過程中，他還是十分困惑，他想起婁諒先生所說聖人必可學而至，這是多麼透徹的道理，可是真正到了宋儒中來，又為何參悟不透。

他想起年少時「格竹子」，心想，或許是自己沒有完全按照朱熹先生的要求來做，才沒有循序漸進地找到方法和結果。於是，他再次嘗試，沉思竹子之理，這一次又是沒有收穫，反而促發了他的老毛病，又一次病倒。

這年是王陽明思想衝突最為激烈的一年，他不得不懷疑朱熹的學說，他不再按照朱熹的套數來格物致知。他深深地感到，或許聖人不是人人都能夠做到的。

刑部裡的名士

王陽明早年熟讀兵書，這些基礎在被委任督造威寧王的墳墓一事中得到了充分的展示，如何運籌帷幄、統率民工也有了很好的實踐。

這件差使完成得相當漂亮，使得朝廷的其他同僚對他的統率才能都刮目相看。而王陽明自己也切實地感受到了統御之權的作用，能夠掌握實權才能夠用眾、服眾，才能夠幹成大事。

一五〇〇年，王陽明完成督造威寧王墳墓的任務，觀政期滿，被授予刑部雲南清吏司主事一職。這個職位是有實權的，在明朝最高一級的行政機關是六部，每個部又都設置尚書，左右侍郎。在這下面便是清吏司，各部還設有郎中、員外郎、主管等分管這個部門的事務。雲南清吏司主事不是去雲南，而是在北京的刑部分管來自雲南的案件。當時處於邊境的雲南常發生暴力事件，王陽明進入刑部可以說是最能夠察清民情，卻也是最能感受到腐敗。

二十九歲的王陽明當時正是躊躇滿志、期待能夠建功立業的年齡。當時的他對朝中碌碌無為的同僚們甚是反感，他很希望能夠透過自己的切實努力而有所作為。雖然是當官，不過道理其實和為學讀書是一樣的。如何做事？以何種標準來要求自己？這期間他也有深刻的感悟。不徇私枉法、公正判決等重重考驗都要取決於執政者內心的想法和觀念。

當時，刑部的設置中有提牢廳，廳中又設專管囚犯的獄吏數名，刑部的各司主事每個月都要輪流去提牢。一五〇〇年十月，輪到王陽明。王陽明第一次巡視，牢獄正值晚飯時期，走了一圈，王陽明看到囚犯吃的竟然是拚著水的米糠。他很好奇，問隨行的獄吏，他回答說是缺糧。又走了一圈，偶然聽到豬的叫聲，走近一看，竟有一個豬圈，幾十頭肥碩的豬正爭吃食槽中的白麵細糧。王陽明頓時明白了，牢獄不是缺糧，糧食都給了豬，哪裡還有人吃的。

其實這種情形在當時原本沒有什麼大不了的，只是王陽明初入仕場，剛到刑部，見得少而已。從牢獄回來後，王陽明訓斥了所有的獄吏，聲稱囚犯也是人，這種行為不僅比不上這些犯罪的囚犯，就連豬狗都不如。當場下令殺掉牢中養的豬，並分給囚犯吃。

這件事情在當時的官場來看王陽明，只道是個剛入官場的毛頭小子，就算不夠成熟，但是從這可以看出王陽明的為人，和他所提倡的良知的思想。

王陽明的差使所要做的事情非常繁瑣，尤其是秋決之時，各種變故弄得王陽明心力交瘁。

一個月的當差結束後，他感到如釋重負。在刑部做事後的第二年，他被派往直隸、淮安等府與當地巡按御使一同審決重犯。王陽明的職位雖然不高，由於是從刑部來的，屬於中央官員，在審判囚犯時卻也有很大的決議權，其他審判官自然也都得尊重他的意見。這使王陽明能夠按照自己的判斷，做出裁決，對於這個差使他感到莫大的興奮。一向做事嚴謹認真的他，總要反覆對照證據和當朝的法律條文才會做出判決，他的這段經歷被學生們記載為「所錄囚多所平反」，看來一向公平公正的王陽明應該平反了很多的冤假錯案。忙完淮北的公事之後，王陽明終於可以忙裡偷閒來修身養性了。於是，他來到了九華山。一登上山，就立即被眼前的青山秀水所陶醉，遠離塵世的喧囂、繁雜，內心極為寧靜。寄情於山水，心情頓感愉悅，心性得以恢復，詩性也得以復歸，他一口氣竟然寫下多達三十多首詩賦。

無拘無束的大自然正好能夠襯出官場的束縛。為政或為學的情緒，王陽明一直都在左右搖擺著。游刃於二者之間，卻也激發了他的思考與豪情。兩樣看似截然不同的事情，如此相得益彰，也算是人生一大快事。不過名士有時只是一種風格，終究不是職業。正如他下山時所寫的詩句：「明日歸城市，風塵又馬鞍。」

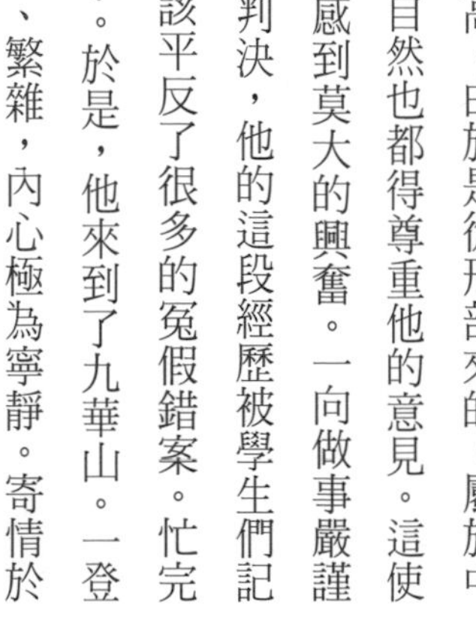

第三章 初入仕途——挺身鬥虎，遭人陷害

主持山東鄉試

回到京城後，由於父親王華的關係，王陽明被聘為山東鄉試的主考官。一心想當聖人卻總摸不著門徑，如今有機會來到聖人的家鄉，感受聖人的文化氣息，興奮不已。山東與江浙向來是文化教育的重地，人傑地靈，孔門的弟子，也多是出於此。主持鄉試，把王陽明從論禪學仙的心境中拉了出來，這從他為考生們出的測試題中就可以看出他和佛道已相去甚遠。

他出的測試題都很是大膽，就好像第一場四書的考試題為：「所謂大臣者以道事君不可則止」。以道事君，這是儒家所遵循的傳統的綱常。孔子曾為了堅持這個原則而繞樹三匝，

最後無枝可依。孟子也非常注重和強調這個原則。

王陽明的這個題目在當時君主專制的體制中提出，是非常冒險的，但是又可以看出王陽明的智慧，這個題目考的既是針對人的品節，又是一種特定場景下的做法，充滿著儒學的色彩。他還提出：「綱紀不振，由於名器太濫、用人太急、求效太速」，「議國朝禮樂之制」、「老佛害道，由於聖學不明」等問題，足以可見他已經開始思考時下與百姓生活、國家社稷密切相關的問題。尤其是《山東鄉試錄序》，映射出他從民生出發思考問題的良苦用心。

山東古齊魯宋衛之地，而吾夫子之鄉也。……守仁得以部屬來典試事於茲土，雖非其人，寧不自慶其遭際！又況夫子之鄉，固其平日所願一至焉者；而乃得以盡觀其所謂賢士者之文而考校之，豈非平生之大幸歟！雖然，亦竊有大懼焉；夫委重於考校，將以求才也。求才而心有不盡，是不忠也；心之盡矣，而真才之弗得，是弗明也。不忠之責，吾知盡吾心爾矣；不明之罪，吾終且奈何哉！

蓋昔者夫子之時，及門之士嘗三千矣，身通六藝者七十餘人，其尤卓然而顯者，德行言語則有顏、閔、予、賜之徒，政事文學則有由、求、游、夏之屬。今所取士，其始拔自提學副使陳某者，蓋三千有奇，而得千有四百，既而試之。得七十有五人焉。嗚呼。是三千有奇者，皆其夫子鄉人之後進而獲遊於門牆者乎？是七十有五人者，其皆身通六藝者乎？

夫今之山東，猶古之山東也，雖今之不逮於古，顧亦寧無一二人如昔賢者？而今之所取苟不與焉，豈非司考校者不明之罪歟？雖然，某於諸士亦願有言者。夫有其人而弗取，是誠司考校者不明之罪矣。司考校者以是求之，以是取之，而諸士之中苟無其人焉以應其求，以不負其所取，是亦諸士者之恥也……

然則，司考校者之與諸士亦均有責焉耳矣。哇夫！司考校者之責，自今不能以無懼，而不可以有為矣；若夫諸士之責，其不聽者猶可以自勉，而又懼其或以自畫也。諸士無亦曰吾其勖（**勖**ㄒㄩˋ：勉勵）哉，無使司考校者終不免於不明也。斯無愧於是舉，無愧於夫子之鄉人也矣。

王陽明的這篇文章講述了他以主考官的身分來到山東之後的所見所聞所感。他認為能夠來到聖人的故鄉主持鄉試是生平一大幸事。王陽明懷揣著朝廷授以的重任，求賢若渴。想到昔日孔夫子三千弟子，有七十餘人精通六藝，而今王陽明也希望從千百考生中能挑出這身通六藝的人來。但是如今的山東竟顯凋敝之勢，怎樣也找不出像過去聖人那樣的人了。

王陽明認為朝廷求賢不得之是多方面導致的，其中科舉的一些制度束縛就是一個很大的原因。在他看來，不僅主考的官員們要負起責任來，各位考生們也要自行努力，不放棄。這樣才無愧於日日夜夜對科舉的準備，以及同出聖人之鄉。

整篇文章內涵豐富、同時又飽含情感、感人肺腑。他既反思自己，也對他人提出自己的殷切希望。還對古代山東的人文飽含讚譽之情，對當今山東的沒落感到憂心忡忡，可以稱得上是一篇完美的文章。從這篇文章也能夠看出王陽明經世致用的觀點，為他日後經營四方做好了文治上的準備。

負責山東鄉試，王陽明也算是展露才華，但是因為沒有附和某些勢力，他心中所想並沒有得到完全發揮。返回京城後，朝廷下達詔令，將他從刑部雲南司主事調為兵部武選司主事。雖然兩個職位都是正六品，武選司是兵部四司之首，實際上是往前進了一步。可見王陽明的才能在當時已經得到了朝廷的重視，而此時的王陽明也正是朝氣蓬勃。

言事下獄

王陽明結束了在山東主持鄉試的差事後，返回京城。在這次鄉試的主持中，他的才能已經受到了朝廷的關注，而王陽明自己雖然受到一些勢力的干擾，但是總體來說也還收穫頗豐，內心感到非常充實，隱隱約約地感覺到自己是在一點點地走在通向「聖賢」的道路上。

但是，天有不測風雲，誰也沒有料到，一心想要有所作為的王陽明很快就要面臨一場改變他人生的變故。

弘治十八年（一五〇五年）五月，孝宗皇帝朱祐樘駕崩，時年三十六歲。當時只有十五歲的皇太子朱厚照繼承了皇位，年號改為「正德」。他就是明武宗，這位正德皇帝明武宗生性好動，和死去的老皇帝截然相反。

孝宗從小就膽小怕事，再加上體質不好，經常生病，因此朝中大事都交給文官們處理，自己很少過問。但是，他的兒子不喜文而是尚武，性格活潑，非常反感文官們的繁文縟節和喋喋不休的說教，總與一群喜愛玩槍舞刀的宦官們打成一片，喜歡打打殺殺，常常做出一些荒誕不經的事情，成為後世的笑柄。

兩位皇帝截然不同的行事風格，讓身在朝中的很多文官們感到非常不適應，尤其是當他們再用伺候孝宗皇帝的方式來對待新皇帝的時候，往往會遭到冷落和無端的呵斥。自然，文官們的意見也得不到重視，更難以推行。地位一落千丈的文官們也無法容忍這種差距，於是他們聯合起來，開始進行聲勢浩大的爭鬥。

這場不見硝煙的爭鬥以內閣大學士劉健、謝遷和戶部尚書韓文為首，他們的目的非常明確，就是打壓宦官參政，以此改變新皇帝的做法，重新確立文官們在朝中的地位。

但是皇帝在當時一些領頭太監的扶持下，一點也不向文官們服軟，而且還出現了殺雞給猴看，殺一儆百的景象。大批文官因為進言，紛紛被辭退的辭退，挨打的挨打。

一時之間，朝廷內外是雞飛狗跳，一片混亂。此時王陽明雖然在朝任職，擔任著兵部主事的職位，但是比起朝廷中的那些重臣，此時的他還太不顯眼，眼看著那些朝中大臣跑的跑，降的降，王陽明卻並未做出任何舉動，他在觀察。

多年研究哲學理論的習慣，讓他保持了一個良好的作風，那就是思索。在做每一件事情之前，他都會認真，完整地將整件事情思考全面。

王陽明並不是貪生怕死，沒有原則的人，所以他在思索完畢之後，上了一道精彩絕倫的奏摺——《乞宥（宥ㄧㄡˋ）言官去權奸以彰聖德疏》。

這道奏摺寫得很有水準，言辭婉轉，用語考究，絕無對皇帝的冒犯，也沒有對當事人的攻擊。王陽明寫這封奏摺不過是想讓皇帝警醒一下，看清楚身邊的人，哪個值得信賴，哪個是奸險小人。

可惜的是，王陽明雖然文采夠高，智商夠高，但是手段卻還是不夠狠。當朝大太監劉瑾豈是一個眼裡容得下沙子的人，王陽明的這份奏摺一送上去，就被他攔截，然後將態度柔和的王陽明扔進了監獄，讓他吃牢飯去了。

在這場明末時期，文官與宦官的爭鬥之中，顯然宦官們佔了上風，文官們的爭鬥無疑是以卵擊石，因為他們雖然口口聲聲地反對宦官參政，實際上想要重新將皇帝置於他們的控制之下是非常艱難的。

與皇權爭鬥的最後結果就是以文官們的失敗而告終，為首的文官們有的甚至被迫終止了自己的仕途，而以劉瑾為首的宦官們則勢力大增。看似平靜的朝廷，很多人都被這場爭鬥捲入其中，自然也是暗流湧動。

在明朝時期，將南京作為留都，當遇到事關國家社稷的大事，言官要站出來表明自己的觀點。一旦遇到皇帝對於言官所言之事置之不理的情況，北京、南京的言官可以相互支持，從而對皇帝施加壓力。所以，當北京文官與宦官進行爭鬥處於下風之勢時，南京的言官們開始聲援，由於矛頭直接對準了宦官，因此，宦官們惱羞成怒，將為首言官壓到北京。

本是想要說句公道話的王陽明平白無故地被劉瑾關到牢裡大概一個月的時間後，被處以「廷杖」三十，並被免掉了兵部主事的職務，發配到很遠的地方充當雜職。

從二十八歲中進士到被打入牢獄，這期間僅僅只有六年，經過多少年的努力，王陽明才走到這個地步，最後卻因為一份並不激烈的上疏而斷送了前程，把自己送上了牢獄。王陽明左思右想都沒能想個明白，大受打擊。

這場變故使得王陽明的內心充滿了憂鬱和失落，但是他仍然堅持自己的理想和信念，個人立志做一番事業的雄心壯志並未就此消沉，反而對那些想要依靠暴力來打壓對手的小人給予了無情地嘲諷。

三十廷杖或許還是幸運的，沒有丟掉性命，也沒有致殘身軀，那肉體上的疼痛終究能夠癒合的。王陽明作為讀書人，為了表明自己的立場，伸張正義而受到酷刑，受到了人們的廣泛讚譽，可以算作是這場風波當中唯一的勝利。

依賴心理化險為夷

王陽明是一位偉大的哲學家，但他的確是一個蹩腳的政客。在從政這麼多年來，他還完全沒有理清楚宦海中的規律和變數。他雖然有著精明的頭腦和強大的邏輯能力，但是，他卻並未意識到，在官場，一切權力都是不以常理來算的，所以這次，他輸得很徹底。

面對劉瑾這樣的人，是不能將他當作一般政客來對待的，因為他不是政客，只不過是一個混跡政壇的壞人罷了。

在文官發動了第一輪攻擊的時候，驕橫跋扈的劉瑾就居心叵測，藉此機會將那些對他有意見的人一網打盡。劉瑾等人將包括王陽明在內的多達五十三人都列為奸黨，以洩私憤。

並且將該名單在朝堂之上榜示，這份名單不僅昭示著五十三人的冤屈，同時也是當朝皇帝不作為的明證。這次事件被後人視為宦官專政、把持朝綱、打擊朋黨的惡例。

王陽明的「仗義執言」招來了劉瑾等人的注意，他們早就不滿王陽明平日裡的目中無人，所以這一次王陽明成了他們的獵物。

王陽明被投入監獄之後，家人和好友都焦急萬分，日日盼著他平安無事，早日回家。王陽明雖然心有所憂，卻並沒有因此意氣消沉、萬念俱灰，而是談笑自如、從容鎮靜，不得不說，心學的意念是相當的強大。但是，從另一個角度看，王陽明所遭受的坎坷、不平、變數，個人的前途命運跌宕起伏，恰恰激勵他不斷尋求心學，最後成為心學大師。

身在獄中，王陽明心裡明白，此次的遭遇除了宦官劉瑾作惡多端、排除異己的醜惡嘴臉之外，當朝皇帝不辨是非，一味聽信寵臣言論的做事風格以及懦弱的性格有很大的關係。一次牽連這麼多官員，皇帝卻不明是非，不聞不問，任憑宦官隨意處置，這種態度讓人感到心寒。面對這種局勢，王陽明也是無力扭轉。

王陽明被關入大牢後，那遭受的廷杖三十大板的皮肉之苦，雖然後人有不同的說法，有的說當場被打暈，不過只是皮肉之傷；有的說大腿因此被打折了；也有的說屁股被打得皮開肉綻。不管怎樣，這對於本來就瘦弱的王陽明來說，並非那麼輕易就能夠挨過去的。

待在監獄的那段時間正好是十二月，正值寒冬臘月，天寒地凍，黑暗的牢獄裡王陽明冷得瑟瑟發抖，整夜裡都不得安睡。有時心裡還反覆地自問，為什麼要走仕途呢？如果像祖父那樣，歸隱山林，每日讀書吟詩，拋開世俗的爾虞我詐，不也是人生的一大享受嗎？那麼又哪裡需要在此遭這樣的罪呢？

關於王陽明這段黑暗的鐵窗生涯，在後來王陽明留下的詩中可以知曉一二。不過這些詩句都是他對牢獄中寒冷、失眠、孤獨之苦的描述，那肉體上的痛苦是隻字未提，一方面可以看出他不願意被人看到這種痛苦，另一方面也可以看到王陽明當時已經非常關注心學，即使在暗無天日的牢獄之中，仍然在講學論道，他曾經在獄中寫道：「累累囹圄間……至道良足悅。」

王陽明的父親王華也在朝為官，在王陽明坐牢期間，王華得到權宦劉瑾多次的暗示，如果他能夠替王陽明認錯，在他面前服軟，那麼劉瑾就完全可以把王陽明無罪釋放。但是生性倔強、自視清高的王華怎可能去屈尊求人呢？就連獄中的王陽明也不會答應的。所以，王陽明只得在獄中聽憑發落。好在對王陽明的處罰很快就下達了，他被貶到貴州龍場驛當驛丞。這是當時的官吏等級中最低級的官吏，其實充其量就是個役吏而已，稱官吏都有點誇張了。不過對於此時的王陽明來講，也算是撥開烏雲見明月了，終於可以擺脫這個牢獄之苦，至於今後的路到底去向何方，也只能聽天由命了。

貶為驛丞，北風送南雁

牢獄之災過後，王陽明被貶的文書很快就到了他的手裡，他這次被貶到貴州龍場去做驛丞。這個地方位於現在貴州省修文縣，屬於偏遠山區，蠻夷之地，經濟條件十分落後，自然環境也不夠優越，但在當時卻是作為貴州通往川東官道上九個驛站之一。

離開京城之時，王陽明的出行顯得有些落寞和冷清，畢竟，作為當權者的敵人，誰還敢來送行。除了幾位至交好友汪抑之、湛若水、崔子鐘等人前來送行，再無他人了。

春寒料峭之時，正是新的一季生命生長時候，不過卻是王陽明仕途夭折之日，想來也是淒涼。

好友聚在一起，不知何時才能再相見，而且，王陽明此次路途遙遠艱險，不免讓友人為他擔憂。

送行當日，大家對王陽明這次遠赴貴州都感到了惋惜和遺憾，但是無奈憑藉他們的力量又不可能扭轉的。於是，千言萬語都化作一首詩來表達，其中湛若水文采極好，他一揮而就，作詩曰：

皇天常無私，日月常盈虧。
聖人常無為，萬物常往來。
何名為無為，自然無安排。
勿忘與勿助，此中有天機。
天地我一體，宇宙本同家。
與君心已通，別離何怨嗟。
浮雲去有停，遊子路轉賒：
願言崇明德，浩浩同無涯。

此詩此景，王陽明無限感慨。於是，他也作詩以詠志，如：

洙泗流浸微，伊洛僅如線。
後來三四公，瑕瑜未相掩。
嗟予不量力，跛蹩期致遠。
屢興還屢僕，惴息幾不免。
道逢同心人，秉節倡予敢。
力爭毫釐間，萬里或可勉。
風波忽相失，言之淚徒泫。

這一次畢竟是被貶，一個人要遠赴人生地不熟的貴州，因此詩中充滿了憂鬱和感傷。拜別親友後，他開始踏上了前往貶謫處的征程。孤苦無依的旅途中，他常常會想起這幾位摯友所作的詩，反覆品讀，以慰藉孤苦的內心。

汪俊是王陽明於弘治六年參加會試時認識的，字抑之，號石潭，江西人。當年王陽明不幸落榜，但是汪俊卻是第一名。汪俊為人正直，是一名鐵錚錚的漢子，與王陽明十分要好，兩人非常有默契。離開京城後，王陽明常常睡不著覺，有一天，在冰冷的夜晚，王陽明不禁想起了好友汪俊，並情不自禁寫詩：

一日復一日，去子日以遠。
惠我金石言，沉鬱未能展。
人生各有際，道誼尤所眷。
嘗嗤兒女悲，憂來仍不免。
緬懷滄洲期，聊以慰遲晚。

（《懷抑之》）

後來的幾天裡，王陽明也經常想起京城的好友，竟然在夢中都會相見，他寫的《夢與抑之昆季語》就能夠看出他當時心中的不捨。是夜不能寐，輾轉反側，恍惚間似乎又回到了與幾位摯友暢所欲言的時刻。突然醒來，卻發現自己是通向一個遙遠的地方，身邊是另一番淒涼的景象。

夢與故人語，語我以相思。
才為旬日別，宛若三秋期。
令弟坐我側，屈指如有為。
須臾湛君至，崔子行相隨。
肴醑（醑ㄒㄩˇ：美酒）旋羅列，語笑如平時。
縱言及微奧，會意忘其辭。
覺來復何有，起坐空嗟咨。

北風送南雁，在依依不捨中道別。往日裡的深情，今後都只能夠在夢中相見，此後的道路王陽明是否還會遇見這樣的知己，一切都是未知數。

亡命天涯，坎坷行路難

王陽明此去貴州路途遙遠，他有意選擇自己經常走過的路，一來比較熟悉，即使有意外事情發生，也好有逃生的準備；二來沿途都是頗為繁華之地，能夠接觸到民風民情，放鬆一下心情。

本還打算前往餘姚看望一下八十八歲的祖母，但是因為劉瑾的干擾，王陽明沒能達成這個願望。

劉瑾雖然在這次的爭鬥中大獲全勝，該整的人他都整了，但是劉瑾依然不肯善罷甘休，堅決奉行斬草要除根的原則，對曾經對抗過他的文官們進行趕盡殺絕的政策。於是，這些人打著皇帝的旗號列出了一個「奸黨」的名單，一共五十三個人，都是反對過宦官的文官們。

十分不幸的是，王陽明也在名單之上，剛到杭州，他就感覺被盯梢了，他知道劉瑾不會輕易地放過他，為了避免連累家人，他只有叫家童先回餘姚報信，自己則暫避城外勝果寺。

他先是痛恨這些宦官的無恥行徑，痛恨之餘，他並沒有表現出怨天尤人的樣子，反而想到自己是為了伸張正義而遭受此劫，反倒生出了悲壯豪邁、慷慨激昂的鬥志來。

夜裡，他在床上輾轉反側，不能入睡，便起身來到屋子的一面牆壁前，大筆一揮，寫下了絕命詩一首：

學道無成歲月虛，天乎至此欲何如。

生曾許國漸無補，死不忘親恨不餘。
自信孤忠懸日月，豈論遺骨葬江魚。
百年臣子悲何極，日夜潮聲泣子胥。

大作完成，王陽明便帶上行李出門了，來到錢塘江邊，他脫下外衣鞋子，然後上了一艘船，就這樣王陽明就只能隨船漂泊，不想竟然來到了福建的福州。而那些殺手在進入他房間後，沒見到人，只看到了牆上的遺言詩，然後他們又在江邊找到了王陽明的衣服鞋子，便斷定王陽明已投水自盡，於是匆忙返回，報告劉瑾。

王陽明乘坐的船好不容易靠岸之後，他就趕緊上岸。這時，天色已晚，四周都是荒山野嶺，無奈之下他只能順著山道走，走了幾公里後，發現前面有一座寺廟。看到了能夠居住的地方，他才感到心裡踏實些，趕緊上前去敲門。卻沒有想到，開門的和尚上下打量了他一下，二話沒說就關上門了。任他再怎麼敲，也沒有人再來開門了。

王陽明很氣憤，原本以為佛門之地應該是以慈悲為懷，卻沒有想到如此不近情理。他只能離開這裡，繼續往前走。走了很久後，他看到不遠處似乎又有一座廟宇。於是，他欣喜地跑過去，卻發現這座廟已經廢棄，四周都是殘垣斷壁，早已無人居住。但是，即便如此，也比露宿荒山要好，他就蜷縮在屋子的一角睡下了，心想可以到天亮再趕路。

由於一路的顛沛流離，王陽明很快就睡著了。睡到半夜的時候，卻聽到耳邊有野獸的咆哮之聲，他被驚醒了，發現身邊什麼也沒有後才又沉沉地睡去了。又不知過了多久，他聽到身邊有動靜。醒來時，發現昨晚把自己拒之門外的寺院和尚站在了他的面前。

王陽明看到他，心中很是不滿，倒是和尚帶著愧疚之情，主動解釋昨晚的事情。原來，這一帶經常有歹徒之人行兇，因此寺廟一般不願意接待生人。之後，和尚又假惺惺問他：「不知昨夜你是否就在此處休息？」

王陽明說：「我一過路之人，你又不肯收留，當然只能在此處休息了。」

和尚大為驚訝地說：「施主真是福大命大，這座山上經常有老虎出沒，這座破廟也早已成了虎穴，不知昨晚你是如何逃過一劫的？」

王陽明一聽此話，就明白了這位和尚的歹毒用心，明明知道此處有虎，卻仍然不肯收留，硬逼著自己在此處安身。他今天出現在此，不是擔心我，而是看我有沒有被老虎吃掉，真是虛偽的人！轉念一想，王陽明決定來個將計就計，他裝作非常不屑一顧的樣子說：「昨夜的確有老虎出沒，我剛剛睡下，就有猛虎咆哮之聲由遠及近，我心想，此時既然無法脫身，就乾脆以靜制動，於是就原地不動，與老虎相對。老虎竟然被嚇得不敢近前，之後就跑了。你說這是何道理？」

和尚聽後，非常吃驚，他再次上下打量著王陽明說：「你定然是個貴人，能夠讓猛虎懼怕的人，一定有過人之處！」說完，就一改之前冷冰冰的態度，非常殷勤地邀請王陽明到寺廟中歇息。

王陽明拗不過他，就跟隨他來到寺廟。進入廟中，王陽明看到寺院內古樹參天、環境幽雅，極其幽靜，細細一看，發現這裡居然是福州五大禪寺之一的千年古剎湧泉寺！王陽明頓時對這裡增加了敬重之情，但是剛才那位和尚的卑劣行徑，又讓他感到世風日下的悲涼。

王陽明來到了寺中的一座大殿內，突然發現一位道士，正詫異廟中怎會出現道士時，又覺這道士、這光景非常眼熟，可是又實在想不起來，不覺地停下了腳步，仔細琢磨起來。他再端詳道士的面龐，一下子想到了這位道士正是二十多年前南昌鐵柱宮的那位道士，這讓他感到萬分驚喜。

王陽明發現這道士也在注視著他，四目相對，甚是感動。道士帶著王陽明來到了一個僻靜的屋子，王陽明將自己這些年來的情形細細地說來，道士非常認真地聽完他的敘述後，問他有何打算？王陽明不免對前途感到了失意，想要學學祖父歸隱山林的想法。

道士聽後，再三搖頭，說王陽明如今已經是被朝廷貶謫，怎樣才能夠脫身？即便真的能夠隱姓埋名，遠走他鄉，家人也難以逃脫，一走了之，不是最好的解決辦法。

王陽明聽後也為自己的任性感到愧疚，這才算是真正意識到自己的處境。他誠懇地向道士徵詢以後的去處，道士思索片刻，只是空有這麼好的學問，就這樣放棄，豈不可惜。一席話，讓王陽明茅塞頓開。為了激發王陽明的鬥志，道士特意為他占卜，以上天的旨意來鼓舞他的信心。兩人促膝長談後，王陽明心中的鬱結已經消解大半，他似乎又回到了那個英姿勃發、鬥志昂揚的自己，看到案頭備有筆墨，就揮筆寫下了一首詩以詠志：

險夷原不滯胸中，何異浮雲過太空。
夜靜海濤三萬里，月明飛錫下天風。

（《泛海》）

看到這首詩，一旁的道士不由地為王陽明的志向而喝采！

關於這次的奇遇，王陽明的弟子有不同詳略的記載，關於它的真實性還有待考證，但是不管這次的奇遇是真是假，可以肯定的是王陽明前往貴州的道路是極為坎坷的。

偶得「陽明小洞天」

王陽明與道士告別後，心情豁然開朗，不再有其他的念頭，於是繼續前往龍場。當時的貴州，在明朝十三個布政司中是最晚設置的，由於地理位置偏僻，交通不便，開發也是較晚的。因此，從中原通往貴州的通道也非常不便，人們主要透過兩種路徑到達貴州：一種是經關中、秦嶺到達漢中，從漢中經由巴蜀，到達貴州；除此之外，還可從湖南出發，經過湘江到達廣西，再從廣西經過雲南，到達貴州。不管哪種路徑，都是路途極其遙遠，因此貴州在當時的人們看來是山高路遠、偏僻落後的荒蠻之地。

王陽明這次要去的龍場，更是偏遠，坐落在今貴州省貴陽市修文縣，距離貴陽還有大概八十里遠的路程。王陽明來到這裡後，心裡一下子彷彿跌入了冰窖，與自己之前的生活相比，可謂天上地下之分。龍場的四周都是高山疊嶂、樹木茂盛，幾乎看不到人煙。山高路遠，險象環生，如果沒有當地人帶路，十有八九是要迷路的。而且，這裡茂密的叢林中毒蛇、猛獸經常出沒，人經常會受到侵襲。

王陽明到達這裡後，所見到的人極其有限，天天在眼前出現的也就是自己帶來的幾個神情呆板的僕人，和當地人還存在語言上的障礙，很難溝通，更不要說達到心領神會的意境。再有就是，偶爾能夠碰到苗人、彝人、瑤人路過此地，或者就是逃避官府抓捕的逃犯，這使王陽明感到了一種從未有過的孤獨和寂寞，他也不知道這樣的日子要過多久才能結束。

龍場驛是在明太祖洪武年間設立的，當時這裡的一位彝族女首領奢香夫人為當地的穩定做出了很大的貢獻。她的故事幾乎是家喻戶曉，王陽明來到這裡以後，很快就知道了這位女首領。原來，奢香夫人雖然是女流之輩，但是識大體、顧大局，眼光長遠，她帶領當地的少數民族民眾與朝廷派來的駐軍統帥馬曄進行了針鋒相對的鬥爭。

當時的馬曄沒有考慮到當地的現狀，而是急功近利地實行明朝中央政府頒佈的「改土歸流」政策，向奢香夫人施加壓力，引起了當地民眾的反抗。奢香夫人絲毫不懼他的威逼利誘，而是義無反顧地帶領部下到達南京，向皇帝陳述馬曄的罪狀，並從當地的實際情況出發，提出了自己的想法，她的膽略和見識受到了明太祖的褒獎，為此授予奢香很高的禮遇和官爵。同時，奢香還將馬曄依法論處。她英明過人，帶領民眾修通了貴州通往川東的山道，並依次設立九個驛站，大大改善了當地的交通，也加強了貴州和中原的聯繫及往來，可謂功德無量。

但是，王陽明來到這裡的時候，龍場驛已經名存實亡，完全沒有了以前的熱鬧，這裡已經是房倒屋塌，驛卒也已經走得差不多了，只剩下病殘之人。王陽明被貶到這裡，也根本沒有官舍。不過王陽明倒是很快地轉變了自己的想法，鼓動僕人們自力更生，利用周圍的樹木建起屋舍來。

房屋雖然非常簡陋，但是王陽明是個天性樂觀之人，而且感覺十分愉悅。房子建好後，也就有了固定的居所，原本很難見到他人的地方，竟然經常會有當地的少數民族居民前來造訪。王陽明和他們雖然言語不通，但是從表情、手勢上來看，對方都是友善的。時間長了，人們相互之間的距離也就拉近了很多，這大大消解了王陽明的孤苦寂寞之感。

王陽明被貶到此，基本上脫離了以往政務繁忙的生活，每天都極為清閒。他是個生性好動之人，自然不可能呆坐在家中。於是，他就帶著僕人四處遊走，翻山越嶺，常常會有新的發現，讓他頗有心曠神怡之感。

一日，他帶著僕人四處遊逛之時，竟然發現一處石洞，和老家餘姚的石洞如出一轍。這個意外發現，使他感到非常興奮，他當即就冒出了搬到這裡居住的念頭。於是，他帶著三個僕人就回到住處，稍做收拾，就開始了石洞的居住生活。

這裡的生活使他有了別樣的感覺。經過幾個月的相處，僕人們和王陽明之間培養出了患難與共的感情，因此，相互之間已經沒有了主僕之間的尊卑之別。一次，高興之餘，大家就讓王陽明為石洞取個別致的名字，王陽明隨即就提出了「陽明小洞天」，此名一出，就受到了僕人的讚譽！

何陋軒與君子亭

王陽明主僕在「陽明小洞天」中的生活雖然新奇，但是好景不長，艱難的環境使得大家很快都感覺到了身體上的不適。原來，石洞陰冷潮濕，終日不見太陽，很容易滋生疾病。好在王陽明身體健碩，有抵抗能力，倒是苦了三個僕人，他們三個很快就病倒了，不得不臥床休息。王陽明天性善良，再加上和他們相處的日子裡，可謂患難與共、生死相依了，因此他每天隻身到四周的山上採藥，回來就生火熬製湯藥給他們三人喝。僕人們哪裡受到過如此待遇，心中自然是感激不盡。

但是，在王陽明看來，三人每日神情焦慮，病情也不見好轉，於是他就再三詢問其中的緣由。僕人們這才說出了他們內心的恐懼，原來當地的民眾非常信奉詛咒蠱毒的法術。而人一旦生病，很可能就是被詛咒，這樣一來即使藥草也無法醫治。

王陽明得知後，也感到束手無策。如何才能消除他們內心的恐懼呢？忽然，王陽明計上心頭，說，自己要是能夠占卜算卦，三人肯定對他會崇拜有加。於是，他就裝模作樣地算卦，告知他們中的詛咒已經解除，不久就會痊癒。三人信以為真，病情也就好了一半。很快，在王陽明的精心呵護下，三人不久就康復了。

不知不覺，來到貴州已經有些日子了。這裡雖然沒有京城的繁華熱鬧，也比不上杭州等地的富饒喧囂，但是此處草木蔥蘢、空氣清新，卻是修身養性的好地方。王陽明也感覺到自己天天跋山涉水，無形中身體已經變得愈來愈健碩，心情也舒暢很多。於是，他琢磨此處正是開園耕種的好地方。於是，三個僕人身體恢復後，王陽明就帶著大家在石洞的四周開荒種地。如此每天汗流浹背，心裡的包袱就能夠卸下很多，大家倒也能夠落得個自在輕鬆。

然而，即便每天想盡辦法來使生活過得充實，但是這種生活還是與他飽讀詩書、滿腔抱負的個性格格不入，所以他滿心的無奈和心酸，無人可以傾訴。

心地善良、平易近人的王陽明在龍場定居不久，便與在四周居住的苗人、瑤人、彝人熟識起來，慢慢地也能夠用一些語言進行溝通。大家非常喜歡王陽明跟他們講中原發生的故事，認為王陽明是無所不知、無所不曉之人。

當大家看到這位能人居然住在冰冷潮濕的山洞裡時，大家都商量著要給他建造一個舒適的居所。於是，人們到周圍的山裡伐木為王陽明修建房屋，很快就破土動工了。動工之前，大家反覆地徵求王陽明的意見，力求建造的居室滿足王陽明的起居、讀書、處理政務的要求。

在大家齊心協力的幫助下，新居所居然不到一個月時間就被建成。雖然此屋難以與王陽明在京城的居所相比，但是在方圓幾十里內，這已經是規模最大、構造最為齊全的房屋，包括居室、書房、客廳、涼亭，遠遠望去可稱得上莊重大方、氣勢壯觀。新居建成後，竟然成了當地的「知名」建築，再加上王陽明的學識淵博，因此吸引了周圍很多讀書人前來拜訪。

王陽明的生活隨著新居的落成陡然間變得忙碌而充實。他經常要接待慕名前來求教的讀書人，和他們一起暢談學術，已經成為他的一大樂事。時間長了，大家都建議王陽明為新居取個名字，王陽明也欣然應允。

但見涼亭的四周樹木蔥蘢、層巒疊嶂，常常有讀書人在這裡談古論今，於是就取名為「君子亭」；而居室雖然簡陋，沒有名貴物品的點綴，卻是窗明几淨、樸實無華，就命名為「何陋軒」。

王陽明想到這裡既為自己的居所，同時又是傳播知識、暢談學問之地，就將這個居所命名為「龍岡書院」，此名贏得了眾人一致的稱讚。王陽明也非常高興，於是就作文一篇《何陋軒記》來抒發自己的感想：

昔孔子欲居九夷，人以為陋。孔子曰：君子居之，何陋之有？守仁以罪謫龍場，龍場古夷蔡之外，於今為要綏，而習類尚因其故。人皆以予自上國往，將陋其地，弗能居也。而予處之旬月，安而樂之。求其所謂甚陋者而莫得，獨其結題鳥言，山棲羝（羝：羊皮）服，無軒裳宮室之觀、文儀揖讓之縟，然此猶淳龐質素之遺焉。蓋古之時，法制未備，則有然矣，不得以為陋也。

夫愛憎面背、亂白黝丹、浚奸窮黠、外良而中螫，諸夏蓋不免焉。若是而彬郁其容，宋甫魯掖，折旋矩矱（矩矱：規則法度），將無為陋乎？夷之人乃不能此，其好言惡詈（詈：責罵），直情率遂，則有矣。世徒以其言辭物采之眇而陋之，吾不謂然也。

始予至，無室以止。居於叢棘之間，則鬱也；遷於東峰，就石穴而居之，又陰以濕。龍場之民老稚，日不視予，喜不予陋，益予比。予嘗圃於叢棘之右，民謂予之樂之也，相與伐木閣之材，就其地為軒以居予。予因而翳之以檜竹，蒔之以卉藥，列堂階、辦室奧。琴編圖史，講誦遊適之道略具。學士之來遊者亦稍稍而集，於是人之及吾軒者，若觀於通都焉，而予亦忘予之居夷也，因名之日「何陋」，以信孔子之言。

嗟夫！諸夏之盛，其典章禮樂，歷聖修而傳之，夷不能有也，則謂之陋固宜；於後蔑道德而專法令，搜抉鉤縶之術窮，而狡匿譎詐，無所不至，渾樸盡矣！夷之民，方若未琢之璞，未繩之木，雖粗礪頑梗，而推斧尚有施也，安可以陋之？

斯孔子所謂欲居也歟？雖然，典章文物，則亦胡可以無講？今夷之俗，崇巫而事鬼，讀禮而任情，不中不節，卒未免於陋之名，則亦不講於是耳。然此無損於其質也。誠有君子而居焉，其化之也蓋易，而予非其人也，記之以俟來者。

王陽明用自己親身的經歷，讚揚了當地人民質樸且樂於助人的品格，批駁了「陋」的說法。孔子曾居九夷，不以為陋，王陽明今居龍場，也不以為陋。相反，比起中原那些詭詐，無所不至的人來說倒是更加顯得本真，像從未雕琢過。當然，這篇《何陋軒記》並非簡單地描述居所本身，而是以此來表達了自己對人生、社會的哲理思考。王陽明出身書香門第，家境優越，衣食無憂，因此他自己從小到大並未直接接觸過生活在社會最底層的人。之前自己對社會的理解和認識多是受到書籍的影響，很少有機會能夠切實接觸到社會的真實生活。因此，這次被貶到貴州來，雖然在物質生活上的確非常簡陋，但卻是他人生中非常重要的閱歷，為他提供了認識和理解社會最窮苦民眾真實生活的機會，更加激勵著他洞察世事、砥礪學問的志向。

王陽明從小在祖父的身邊長大，祖父偏愛竹子，在居所的四周都有竹林，那裡是王陽明兒時生活的樂園。長大之後，王陽明就意識到祖父愛竹不僅僅在於竹子本身，更在於竹子的品質。從小耳濡目染，王陽明也對竹子有特殊的愛好，所以他也在自己的居所四周種植了很多竹子，以此鼓舞自己要堅持不懈地砥礪學問，有所作為。他的精神也深深地打動了前來切磋學問的讀書人，紛紛讚譽。

不過王陽明心裡非常清楚，自己距離竹子的高潔品質，還有很大的差距，要再接再厲一步步接近竹子的境界。

第四章 貶謫貴州——龍場悟道，成為一代心學大師

龍場悟道，吾性自足

王陽明是想過自己的日子，但是偏偏還是無意得罪了人。一個在京師得罪了權貴被貶謫至此的驛丞，竟然明目張膽，有恃無恐的在這裡開始辦起了學校，而且還得到了這麼多人的擁護。這讓當地的官員十分不滿，他覺得王陽明來到他的地盤上，不但沒有跟他打一聲招呼，而且在做任何事情之前，都沒有向他彙報，作為一個上級，他憤怒了。

作為報復，他開始找碴，針對王陽明做出了許多事情，他先是派人來砸場子，但是群眾團結的力量大，他沒有得逞。接著，他又偷偷找到貴寧道按察司副使毛應奎，進行各種挑撥離間的說辭，將王陽明說成了一個壞人。

但是，他還是低估了毛應奎的智商，他不是三兩句話就能唬弄住的。他親自找到王陽明，與他一番長談之後，便被王陽明的人格魅力和學問所征服了，兩個人成了好朋友。

這樣一來，王陽明在當地的地位更加崇高了，大家無論有什麼問題都喜歡來向他討教，但王陽明並不為此而驕傲，他繼續前行在追尋聖賢的道路上，為了更好的體會思想而不被人干擾。

他專門找尋了書院附近的石洞來自省，甚至還為自己做了一個石頭的棺材，自己常常躺進去，閉目沉思，進入一個忘我的境界，體會死亡的感受。

王陽明從小就對術士產生了濃厚的興趣，並且自己長期以來對佛、道兩家都極為關注，因此他對《周易》產生了濃厚的興趣。尤其是自己在遭遇到失意之時，常常用占卜來預測自己的吉凶。他這次慘遭牢獄之災，更是醉心於易經來預知自己日後的命運。

不僅在牢獄之中，潛心攻讀《周易》，就連在被貶來貴州的途中也將此書帶在身上，片刻不曾離開過。到達被貶之地後，也時常鑽研易理，希望能夠提前預知自己未來的去向。

可見，王陽明即使在被貶之地，他的思想、境界也仍然在思考著人生和萬物、人性和宇宙之間的關係。這也是他時常縈繞在腦中的問題，究竟自己所謂的說「吾心」和「物理」，二者之間看似簡單，實則紛繁複雜的關係到底是什麼呢？

對這個問題，很多聖賢之人都有思考，先是孔子最初提出來，但是尚未給出清晰的答案。他的學生則認為：「夫子之文章，可得而聞也。夫子之言性與天道，不可得而聞也。」後世的讀書人也在進行著思考，嘗試著給出明確的答案，但是不經意間竟然陷入了錯綜複雜的境地，以至於成了專門的學問。後來，宋代的朱熹，潛心鑽研，終於悟出了其中的道理，提出了令人信服的解釋。

王陽明一心想要實現做聖賢的夢想，這個問題自然也是不能繞開的，他希望能夠站在前人的肩膀上有更大的突破。當然，這個突破是很艱難的，要拋開世俗的功名利祿，進行苦苦思索，心無旁騖。

皇天不負苦心人。王陽明日日思索、反覆推敲，終於看到了希望。一天，他突然意識到自己一直在思索的人性與天道之間並不存在鴻溝，而是能夠聯為一體的！所謂的天道，也就是宇宙萬物每時每刻的變化規則或原理，而這些並不是不可認識、不可理解的，人天生就具備了體察萬物的本能，天道是人能夠體悟到的。看似複雜、抽象的天理、物理，其實都在個人的心中。而通往聖賢的路上，也就需要不斷挖掘自己的內心、精神境界方可達到。「聖人之道，吾性自足，不假外求」。

「聖人之道，吾性自足，不假外求」，認識到這些使得王陽明驚喜萬分。當時正在深夜，僕人已經沉沉地睡著了，王陽明近似癲狂的叫聲驚醒了他們。看到主人失態的狂喜，嘴裡說著他們無法明白的話，僕人們都感到莫名其妙。

王陽明悟出了「聖人之道，吾性自足」的道理，就想藉由對五經《詩》、《書》，《禮》、《易》、《春秋》內容的解釋進行驗證。無奈身邊沒有書本，他只好憑藉記憶進行解釋，結果完全行得通，五經都得到了近乎完美的解釋。而與朱子的注解進行一一對照時，卻發現完全是自相矛盾。這使他更加堅信朱子誤讀了五經，而自己透過長期堅持不懈地努力終於與聖道吻合了。

對於自己這個追求聖賢的心路歷程，可以在他十年後所著的《朱子晚年定論》序言中，得到解釋。王陽明體悟到聖道的歷程充滿了艱辛和挫折，走了很多彎路，但是他從年少時樹立做聖賢的雄心壯志之後，雖然屢屢遭遇到挫折，從未放棄，苦苦探索。即使被貶到荒蠻之地，也一如既往地潛心鑽研，終於悟到「聖人之道，吾性自足」。

從此之後，王陽明的生活發生了變化，正如他所講「常快樂才是真功夫」，艱難的環境下王陽明懷著快樂的心去領悟生命，實踐思想。

貴州講學，提倡知行合一

王陽明被貶到龍場的遭遇極其坎坷，一般人常常會被個人生活境遇相差這麼大而感到心灰意冷，也會很難適應當地惡劣的生活環境。但是，王陽明在逆境中就顯示出了他與其他人不一樣的地方。王陽明並沒有被眼前的困難所嚇倒，他即使身處逆境，也沒有放棄自己想要做聖賢的宏偉理想。而這件看似失意的事情，也被他經營得有聲有色，充滿了生機。不僅如此，他的學問也在這個時期遠離了繁華、喧囂得以沉靜下來。

王陽明在龍場適應了一段時間之後，就開始在當地講學。他把自己對人生的理解和思考以及對個人人生際遇的反思都講給自己的僕人聽，儘管他們聽得似懂非懂，不大明白這個官員為何和其他的官員不一樣，但還是能夠體悟到王陽明的善良和淳樸，治學的執著和信念。而最令王陽明感到興奮的是，他的一些弟子也不遠千里，來到貴州追隨自己。這使得王陽明大為興奮，他太需要和弟子們一起講學，來暢談自己的感悟。於是，他經常和弟子們一起跋山涉水來體悟當地的實際生活狀況，也經常和弟子們一起到農田裡感受大自然的氣息，弟子們也經常會被恩師的這種樂觀、執著的心境所感染，更加敬重他的為人。

「講習有真樂，談笑無俗流；緬懷風沂興，千載相為謀。」這也是王陽明當時的瀟灑寫照。但是弟子們畢竟都有自己的事情，再加上當地的確條件較為落後，也使很多人難以適應，在此居住兩三天後就要返回，每每到返回之際都增加了王陽明的失落和沮喪。

王陽明在內心裡非常希望這些弟子也能夠不被物質生活的安逸和奢華所誘惑，不管外在的物質環境是優越還是貧寒，都能夠保持住內心的寧靜和對治學的孜孜不倦。遺憾的是，真正能夠達到這種境界的，畢竟是寥寥無幾。

王陽明在龍場講學、悟道的事情已經傳播得相當遠。當時的很多讀書人都希望能夠與他當面切磋，相互交流。在正德四年（一五〇九年）的一天，貴州提學副使席書來到了龍場，他慕名前來，並且提出了一個問題「朱陸異同」，希望王陽明能夠就此問題作出回答。這裡所說的朱是指朱熹，陸是指陸九淵，這兩位都是南宋時候的大思想家，但二人之間的思想觀念存在很大的差異，這個問題也是後世的讀書人非常希望能夠得到解釋的問題。

對於這個問題，王陽明當然不可能沒有考慮過，他已經有自己的觀點了。但是，當有人專門就此進行請教的時候，王陽明並沒有直接給予明確的回答。而是提出了自己的見解，他將自己的見解稱為「知行合一」。初次聽到這個觀點，席書並沒有馬上信服，而是帶著狐疑返回。回去之後，對此觀點進行徹夜反思，有所感悟之後再來請教。如此經過幾個回合後，終於意識到了這個觀點的精髓所在，興奮之情難以掩飾，對王陽明的敬重也是與日俱增。為此，他特地邀請王陽明到貴陽書院講學，能夠把他的學問傳播給書院裡的讀書人，王陽明也欣然應允。

正德四年（一五〇九年），王陽明到貴陽書院講課，前後將近有一年的時間。王陽明的這一舉動在《明史》上有所記載，並認為他的講學達到了「貴州士始知學」的境界，這無疑是對王陽明的讚譽和褒獎。王陽明在貴州書院所講的正是當初他在龍場悟出的思想，即「知行合一」的學說。

千古奇文《瘞旅文》

正德四年秋，一位從京城趕赴就職之地的官吏，跟隨他前來的還有他的兒子和一位僕人，中途經過龍場。

夜宿苗家，第二天繼續趕路，但天有不測風雲，這位官員卻在半道上死去，他的兒子因為傷心過度，也死了。第三天，他們的僕人也死了。這三人的死亡被彙報到王陽明那裡，讓他大為驚訝。

他心裡十分感傷，於是就命兩名僕人將三人的遺體掩埋。這兩位僕人並不是十分情願前去，唯唯諾諾的。王陽明見此情景，並沒有發怒，而是感慨道：「其實，想想看我們三人的命運和這位官員父子主僕也很相似啊！」兩位僕人聽後，也感到心裡一片酸楚，於是便去把三人的屍體埋葬了。王陽明仍然難以平復心情，就寫下了《瘞（瘞）旅文》。這篇文章被後世廣為傳誦：

嗚呼傷哉！緊何人？緊何人？吾龍場驛丞餘姚王守仁也。吾與爾皆中土之產，吾不知爾郡邑，爾烏為乎來為茲山之鬼乎？古者重去其鄉，遊宦不逾千里。吾以竄逐而來此，宜也；爾亦何辜乎？聞爾官吏目耳，俸不能五斗，爾率妻子躬耕可有也。烏為乎以五斗而易爾七尺之軀？又不足，而益以爾子與僕乎？

嗚呼傷哉！爾誠戀茲五斗而來，則宜欣然就道，烏為乎吾昨望見爾容，蹙然，蓋不任其憂者？夫衝冒霧露，扳援崖壁，行萬峰之頂，饑渴勞頓，筋骨疲憊，而又瘴癘侵其外，憂鬱攻其中，其能以無死乎？吾固知爾之必死，然不謂若是其速，又不謂爾子爾僕亦遽然奄忽也。皆爾自取，謂之何哉！吾念爾三骨之無依而來瘞爾，乃使吾有無窮之愴也。

嗚呼傷哉！縱不爾瘞，幽崖之狐成群，陰壑之虺如車輪，亦必能葬爾於腹，不致久暴露爾。

爾既已無知，然吾何能為心乎？自吾去父母鄉國而來此，三年矣，歷瘴毒而苟能自全，以吾未嘗一日之戚戚也。今悲傷若此，是吾為爾者重，而自為者輕也。吾不宜復為爾悲矣。吾為爾歌，爾聽之。歌曰：

連峰際天兮，飛鳥不通。
遊子懷鄉兮，莫知西東。
莫知西東兮，維天則同。
異域殊方兮，環海之中。
達觀隨寓兮，奚必予宮。
魂兮魂兮，無悲以恫！

又歌以慰之曰：

與爾皆鄉土之離兮，
蠻之人言語不相知兮。
性命不可期。
吾苟死於茲兮，
率爾子僕來從予兮。
吾與爾遨以嬉兮，
驂（**驂**ㄘㄢ：乘、駕）紫彪而乘文螭（**螭**ㄔ：外型似龍，無角）兮，登望故鄉而噓唏兮。
吾苟獲生歸兮，
爾子爾僕尚爾隨兮，
無以無侶為悲兮。
道旁之家累累兮，
多中土之流離兮，
相與呼嘯而徘徊兮。
餐風飲露，無爾饑兮。
朝友麋鹿，暮猿與棲兮。
爾安爾居兮，
無為厲於茲墟兮！

自從為官以來，就意味著將自己奉獻給了皇帝和朝廷，卻因故被貶來到這裡，也是沒有辦法的事情。又為何要和自己過不去呢？作為一名吏目，每個月的俸祿是五斗米。倘若和家人一起耕種田地，也應該衣食無憂，又怎麼會為了這些可憐的俸祿而客死他鄉，還使得兒子和僕人也搭上了命？倘若真的很在意這個官職，就應該心情舒暢，又為何神情充滿淒容呢？而途經此地，地勢險峻、常有野獸毒蛇出沒，環境惡劣，又加上內心憂鬱，才會導致

命喪此地呀。王陽明想到自己被貶到這裡也有三年，身體康健，就在於心情舒暢，沒有整天怨天尤人。

由此可見，精神力量對於一個人來說是很重要的。王陽明從個人的境遇出發，在教導他人的同時，也是在鼓勵自己。但是，如果要讓自己的學說廣泛傳播出去，實現自己從小就確立的「做聖賢」的願望，就不能常年在這荒蠻之地了。

王陽明被貶到龍場已經有三年的時間。他自己遠在西南，自然不知道朝中發生的變故。其實，這期間朝中的局勢還是有了很大的變化。那些宦官勢力仍然對文官集團中反對他們的人進行打壓，但是前者終究還是有所顧忌，不敢輕易再作惡。而且，這些宦官也為了穩定自身地位，採取了一些措施來收買人心。

王陽明來到這裡的第三年年底，終於守得雲開見明月。他接到了來自吏部的一道文書，調任他前往江西吉安府廬陵縣任知縣。王陽明無限感慨，宦海沉浮，個人很難預料到自己今後的仕途究竟前景如何？不管怎樣，自己也總算是能夠離開這個被貶之地。當然，他雖然非常想要離開這個地方，但是臨走之時還是充滿了無限的留戀，因為自己在這裡兩年，遠離了喧囂和繁華，能夠潛心冥想，學問上有很大的收穫，並且能夠切實體悟到最窮苦人的真實生活，這些都是自己人生一筆寶貴的財富。

西辭龍場東歸去

王陽明接到吏部的文書後，於正德四年年底，結束了自己的被貶生涯，向當地的父老鄉親辭行，眾人依依不捨地送走了這位學問精深、平易近人的飽學之士。

對於王陽明自己而言，他尚未完全做好前去廬陵任知縣的準備，他對自己的仕途充滿了疑惑，也無法預知前方等待他的是福是禍。他在前去的途中，思緒也常常在飄蕩，來反思自己的人生。途中，恰逢正德四年的除夕夜，他感慨良多，寫下了：

扁舟除夕尚窮途，荊楚還憐俗未殊。
處處送神懸楮馬，綵衣何日是庭趨？
遠客天涯又歲除，孤航隨處亦吾廬。
也知世上風波滿，還戀山中木石居。
事業無心從齒髮，親交多難絕音書。
江湖未就新春計，夜半樵歌忽起予。

（《舟中除夕二首》）

王陽明已經經歷了仕途的起起落落，心態變得比較淡定、從容，不會再為一時的得失而心潮跌宕。他能夠用豁達、圓融的心態來面對自己身邊的事物。想想當初自己被貶之時，心情悵然，到了被貶之地後，反倒能夠修身養性，孜孜不倦地做學問。歷經兩年的磨練，自己已經變得從容、豁達，對今後的人生也變得坦然了。即使今後再有什麼風吹浪打，也能夠依靠自己的力量來從容應對。

王陽明乘坐的船隻順著江漂流而下，行駛順暢，很快就過了黔陽、漵浦，即將到達辰州府的治所沅陵（今屬湖南）。他打算在這裡登岸，因為他惦記著摯友楊名父，想要和老友傾訴衷腸相會。而他在龍場時的幾位當地學生冀元亨、蔣信、劉觀時，從他人那裡打聽到自己的恩師將要在辰州上岸，都非常想要和恩師相見，傾聽他的教誨，他們是王陽明在龍場時慕名前去投師的。

辰州是湘西非常值得一去的地方，也是當時從湖廣進入貴州的必經之地。這天，王陽明乘坐的船隻剛剛到岸，他還正在盤算著如何與老友、學生們相見，就有一僕人前來詢問。王陽明一聽，居然是自己的學生冀元亨等人派來的。這些學生們早早就來到了這裡，以便守候著恩師登岸。見到恩師到達，眾學生都非常興奮，終於見到了日思夜想的恩師。

弟子一見王陽明的面就噓寒問暖，把老師簇擁在中間，好不熱鬧。攀談片刻後，弟子們非常清楚恩師的偏好，特意帶著王陽明來到龍興寺，這座寺廟位於虎溪山前。

王陽明即使不再一味地沉溺於佛道，卻仍然樂於與僧道論道，這已經成為王陽明人生一大樂事。每次論道，都能夠讓他有所覺悟。所以，他對學生們這次的安排非常滿意，也明白這些學生已經在一定程度上和自己是心心相通了。

被貶三年之後，見到昔日的老友使王陽明十分高興。大家在一起暢談過去幾年的生活，而王陽明的經歷也帶給了大家很多的驚奇。王陽明所住的龍興寺有不可小視的歷史淵源，始建於唐貞觀年間，可謂名副其實的千年古剎。其地理位置也相當優越，背靠虎溪山，面臨沅江水，又與對面的筆架山隔江相望，引來無數的文人墨客前來拜訪。

王陽明信步來到了山頂，遠遠望去，對面的山巒起伏，甚是壯觀。他的心頭不由一熱，想到這裡曾經是自己來過多次的地方，一草一木仍然是那麼的熟悉，而自己被貶三年時間裡也帶給他了很多淒苦和痛楚。

王陽明在等待楊名父的幾天時間裡，又細細端詳了這裡的一草一木。他期待著與老友重逢的喜悅，可是左等右等始終不見老友到來。王陽明再也待不住了，只好繼續趕路。

王陽明離開辰州，又一路前行。所經之地都是自己曾經留下足跡的地方，所以都帶給了他久違的感動。他的學生冀元亨想要跟隨老師前去，可以有足夠的時間向老師請教，探討學問。王陽明看到學生如此勤奮好學，也欣然應允。

兩人途徑桃源縣，陶淵明筆下的千古名篇《桃花源記》和《桃花源詩》就是在這裡有感而發的。此地風景迤邐、民風樸實，王陽明本想停舟登岸，但是想到要趕赴就任，也就罷了。

師生二人經過常德後，就見到了煙波浩渺的洞庭湖。想到愛國大夫屈原在這裡慷慨激昂地表明自己的志向，王陽明心裡在與屈大夫進行對話，古往今來，即使世事渾濁，也不是你屈大夫一個在孤獨前行，即使世人皆醉，也不是你屈大夫一個人有清醒的頭腦，我王陽明也立志成為一個品行高潔的飽讀之士。當然，屈大夫早已離去，不可能聽到王陽明的話，但是，此刻縈繞在他頭腦之中的話卻仍清晰如在耳邊：

嗟夫！予嘗求古仁人之心，或異二者之為。何哉？不以物喜，不以己悲。居廟堂之高則憂其民，處江湖之遠則憂其君。是進亦憂、退亦憂。然則何時而樂耶？其必曰：「先天下之憂而憂，後天下之樂而樂歟。」

北宋范仲淹著下的千古名篇《岳陽樓記》，成為後世很多文人表明心志的不朽著作。而其中的名句「不以物喜，不以己悲」，「居廟堂之高則憂其民，處江湖之遠則憂其君」，「先天下之憂而憂，後天下之樂而樂」，也成為後世為官的志向。的確，古人有言：君子坦蕩蕩，小人長戚戚。作為一個七尺大丈夫就應該坦坦蕩蕩，屹立於天地之間。豈能因為個人一時的得失、榮辱而斤斤計較呢。想到這裡，王陽明頓感胸中熱血沸騰，一瞬間，似乎又回到了那個英姿勃發、躊躇滿志的少年時代。

王陽明來到酸陵時，想到自己在三年前奔赴貴州途中風餐露宿的情景，心中充滿了酸楚，不僅感慨物是人非，這時他就萌生了前去看看的念頭。王陽明棄舟登岸，見到曾經熟悉的寺廟、僧人和朋友。

不知不覺已經到了江西。王陽明對這裡非常熟悉和留戀，這裡很多地方都留下了他的足跡。這使他倍感親切，產生初回歸故里的感觸。

安民於廬陵

在正德五年（一五一〇年）三月，王陽明一路跋山涉水，千里迢迢，終於來到了江西吉安府廬陵縣就任。吉安府治就是廬陵，因此這個地方會聚了吉安府各地的民俗風情，非常具有代表性。如果能夠將其治理得井井有條，對於整個吉安府都是有很大影響的。

王陽明到任後，他的治理之道與其他人並不一樣。他沒有忙於應酬當地的地方豪強，也沒有埋頭去處理那些積壓已久的案子。而是認為要用教化的方式來燒開新官上任三把火。

他已經深入地瞭解到當地百姓深受鎮守中官的剝削，民不聊生。因此，在王陽明看來，解決這個問題是當務之急。鎮守中官是在明朝成祖永樂年間開始的，由朝廷向邊鎮派駐宦官，之後，內地地方上也逐漸設有這個職位，這些人的權力不受巡撫文官和鎮守武官的制約，專門搜刮民財，向宮廷進貢，百姓苦不堪言。

王陽明首先撰寫了題為《廬陵縣為乞蠲（蠲ㄐㄩㄢ：免除）免以蘇民困事》的報告，發給吉安府和江西布政使司，要求當地的鎮守中官免除加給本地的過重稅負。他深知地方百姓與官府之間因為過重的賦稅以及各項攤派，已經造成了很大的怨氣，百姓的怨火可謂一觸即發。如果再有點風吹草動，極易引發造反、暴亂的後果。正當他還在思考如何解決這個大難題的時候，就發生了大批的民眾群情激憤、怒氣沖沖地要與他這位知縣理論的事情。

王陽明一看到這個陣勢，就明白多年來積壓的矛盾終於爆發了，但是對於呼天搶地的混亂場面，他並沒有亂了陣腳，而是處理得從容、鎮靜。

他先讓村民們將自己遭受的不合理攤派講述清楚，當聽到哪些名目繁多的苛捐雜稅後，王陽明情緒也非常激動，他果斷地說道：「各位父老鄉親們，本知縣到任時間不長，但是對於各種苛捐雜稅繁多的事情已經有所瞭解，我一定會為民做主，申告上司，盡行蠲免。」

這些村民們已經習慣了官員的相互推諉，這次也並沒有寄希望於這位新任知縣能夠徹底解決，只是想要發洩心中的不滿，因此對於王陽明的話都感到非常意外，也深受感動，表示願意相信王陽明作出的承諾。果然，王陽明很快就發佈了正式的公文，宣佈豁免一切加派的銀兩。這個公文使得當時的縣城內外處於一片興奮之中。

大概是王陽明一向剛正不阿、做事執著的秉性早已被人所熟知，當時的江西鎮守中官竟然對於王陽明的這個要求沒有表示異議，默許了這個提法。這也大大出乎了王陽明的意料。但是，不管怎樣，總算自己在廬陵的第一件事完成得相當不錯。而王陽明在老百姓中間的威望一下子樹立起來了，人們奔相走告。但是也引發了一些人將一些雞毛蒜皮的小事告之縣衙的，並且這些人還經常糾結很多不明真相的群眾摻雜其中，企圖擴大事端，造成天下大亂的景象。王陽明對此種情況已經有所瞭解，他為此撰寫了告示，先在百姓中造成輿論的影響：

> 廬陵文獻之地，而以健訟稱，甚為吾民羞之。縣令不明，不能聽斷，且氣弱多疾。今與吾民約，自今非有迫於軀命、大不得已事，不得輒興詞。興詞但訴一事，不得牽連，不得過兩行，每行不得過三十字。過是者不聽，故違者有罰。縣中父老謹厚知禮法者，其以吾言歸告子弟，務在息爭興讓。嗚呼！一朝之忿，忘其身以及其親，破敗其家，遺禍於其子孫。孰與和巽自處，以良善稱於鄉族，為人之所敬愛者乎？吾民其思之。（《告諭廬陵父老子弟》）

在這份告示裡，王陽明主要是表達自己為百姓解決問題的心意。他勸告百姓不要鬧事，否則只會招來官府的懲罰，也無法解決問題。如果有冤屈，就有秩序地向他呈表，他自會一一解決。

告示發佈後，有些民眾已經瞭解了王陽明的治理之道，再加上王陽明在減免賦稅上已經顯示出了雷厲風行、剛正果斷的作風，當地百姓也不敢輕易地鬧事。

但是，當地爭訟風氣的形成由來已久，單憑一張告示並不能解決深層次的問題，為此王陽明制定了一整套的措施用來教化百姓。

王陽明將之前已經基本停滯的申明亭和旌善亭，重新興起，提出里老要擔負起教化鄉民的責任，同時各家的戶主也要管教自家的子弟。而對已經名存實亡的里甲制度，也重新恢復起來，要求將各家各戶都形成一個相互制約、相互影響的大單元，縣城內十戶為一甲，鄉村就以各村為單位，相互說明，相互支持，減少打架、鬥毆等事件的發生。透過鄉民這種自我管理、自我約束的方式，當地的社會秩序有了很大的改善，民風也逐漸趨於淳樸。

王陽明在廬陵縣的時間並不長，但是在年近半年的時間裡，做了很多影響深遠的事情，僅就訴訟的事宜來說，就大大平息了當時的混亂情形，而這段經歷也是充分受到認可的，他的弟子對他這段經歷也有所記載。王陽明去世後，他的好友湛若水在為其所作的墓誌銘中也提到他的功績，認為他在廬陵「臥治六月而百務具理」。從王陽明的治理效果來看，完全是名副其實。

劉瑾伏誅，仕途出現轉機

沉浮的官場總是會出現很多預想不到的因素影響著個人的前途命運。對此，王陽明早已經看得很淡，他也見慣了同朝為官的人中起伏不定的宦海命運。對於自己的前途，他也從不願意去過多計較。

令他沒有想到的是，自己在任廬陵為知縣期間仕途上居然會發生很大的轉機。而昔日一向囂張跋扈的宦官劉瑾多行不義必自斃，竟也鋃鐺入獄，不久就被處以死刑，落得如此下場也是王陽明沒有想到的。

原來，劉瑾一直仗著自己在皇帝身邊，深得皇上寵信的優勢，一手遮天，也做了很多貪贓枉法的勾當。朝中很多大臣對此早已是憤恨不已，但是由於懼怕證據不足不僅扳不倒他，反而會被其陷害，所以只好裝聾作啞，任由其胡作非為。

王陽明曾經在詩中說過「世事驗來還自領」，的確，這句話在劉瑾身上得到了應驗。作惡太多，其實就是在自掘墳墓，難免到哪天就自毀前程。劉瑾的倒台和他曾經陷害的楊一清有著很大的關係，楊一清曾經遭到了劉瑾的百般誣陷並且被投入大牢，遭受了皮肉之苦，所以他對劉瑾恨得咬牙切齒。但是，俗話說吉人自有天相，後來很多大臣為楊一清鳴不平，集體上書朝廷，這才使他得以重新啟用。為此，楊一清一直在悄悄地掌握劉瑾的罪證，希望有朝一日能夠為民除害，也為自己申冤。

這個機會很快就有了，導火線就是劉瑾對軍屯的土地課以重稅，他派去的差役也狗仗人勢，常常隨意地毆打欠稅的民眾。不料一日，差役竟然毆打了安化王封地的人。安化王早就對朝廷不滿，因此他就以此事為理由要造反，他將劉瑾的罪狀盡數並傳到各邊鎮，後來有巡撫檄文上報朝廷安化王造反，引來了朝廷的大舉鎮壓。

楊一清即是朝廷的大軍統帥，在結束鎮壓後，他遂搜集了劉瑾的罪證，上書朝廷力陳劉瑾的種種罪惡，指出後者是引發了安化暴亂的罪魁禍首。皇帝在證據面前，不得不下令對劉瑾抄家，果然從劉瑾那裡查抄出來大量的金銀財寶以及很多違禁品。於是，劉瑾被以凌遲處死，很多曾經遭受其陷害的人總算出了一口怨氣。

劉瑾的倒臺也引發了官場的很大變動，王陽明也出於意料地迎來了仕途上升遷較快的時期。他在廬陵擔任知縣半年後，要進京「朝覲」。這次進京也使他得以有時間與昔日的老友們重聚，暢談一下離別後的心得。大興隆寺是他曾經經常講學的地方，那裡聚集著他很多志同道合的好友，因此，他請好友這次仍然給他安排在那裡居住。

就在王陽明等待著朝覲期間，吏部下達了晉升的委任書，王陽明從地方知縣升為南京刑部四川清吏司的主事。他接受委任書後，心裡感慨萬千，自己曾經在十年前就擔任過刑部雲南清吏司的主事，沒想到過了十年，竟然又到達了南京刑部四川清吏司主事的位置，而之後發生的一連串升遷更讓他有點無所適從。

還未前往南京就職，吏部又下達了新的任命，改任命王陽明為吏部驗封司主事，分管掌封爵、襲蔭、褒贈、吏算等事，為吏部的第二司。不久，王陽明迎來了再次的升遷，他被升任吏部文選司員外郎。掌管執掌文職官員和吏員的升遷、改調等事。而正德七年三月，又從升吏部考功司郎中，職位上升為南京太僕寺少卿，進入了當時的正四品行列。

短短的兩年時間裡，王陽明從一個正七品升為正四品，升了三品六級，不禁使得同朝為官的同僚們豔羨不已，就連他自己也沒有料到自己時來運轉能夠獲得如此重用。

傳道於京師

王陽明多年來一直堅持著自己想要成為「聖賢」的夢想，也非常渴望能夠與志同道合的友人一起談論學問。他的很多朋友都是他在一步步靠近聖賢路上的良師益友，湛若水就是其中之一。他在弘治十八年考中進士，並受朝廷任命為翰林院庶起士，有了與王陽明長期接觸、相識的機會。兩個人之前就已經有很深的接觸，彼此對對方的學問、人品都非常敬仰，因此能夠經常見面談古論今，自然是人生一大樂事。王陽明為了能夠方便與他切磋學問，於是也搬到了湛若水的住處附近。

當時，王陽明在京師講學的地點就設在大興隆寺。大興隆寺興建於明英宗時期，原本是皇帝要為自己祈福所建的，可是工程浩大，勞民傷財，官府四處徵用民夫來修建，導致很多家庭妻離子散、家破人亡，在老百姓中間的民怨四起。修建的第二年就發生了土木之變，蒙古瓦剌部與明英宗的軍士發生了激烈的戰爭，明朝軍隊戰敗，英宗被俘。原本寄希望能夠帶來福音的大興隆寺，不但沒有帶來福音，而且為造寺者帶來了滅頂之災。但是即便是這樣，大興隆寺還是成了很多尋常老百姓的好去處，舉子進京趕考、走南闖北的商人、講學的儒者都會彙集到這裡來。

王陽明對大興隆寺的氛圍非常喜歡，這裡充滿了談學論道、切磋學問的氣氛。如今重返北京，又住大興隆寺，可以與摯友湛若水等人通宵切磋，這對於王陽明來說是何等的興奮。與王陽明交往較多，關係最為密切的自然是湛若水，再有就是浙江的黃綰（綰ㄨㄢˇ）。

黃綰是經由著名學者、致仕戶部侍郎儲罐介紹與王陽明認識的。黃綰對於結識、接觸王陽明及湛若水這兩位學術精深的人物內心充滿了感激、興奮之情。當然，這位黃綰年少輕狂，難免帶有誇大、炫耀的成分在裡面也不足為奇。但是他對王陽明能夠留在北京還是發揮了一些作用的，當時王陽明被發配到貴州，內心淒苦，就寫詩抒發自己內心的苦悶，並將詩文如《憶昔答喬白岩因寄儲柴墟三首》、《夜泊石亭寺用韻呈陳婁諸公因寄儲柴墟都憲及喬白岩太常諸友》等寄給好友喬宇等人。

當時喬宇擔任戶部侍郎，王陽明和喬宇兩人在學問方面有很多共同之處，還經常在一起探討，王陽明覺得，學問的道路上有喬宇相伴，實為平生幸事。

王陽明認為，做學問應該貴在專、學貴在精、學貴在正。這些觀點都得到了喬宇的贊同。喬宇在談到因為專心聖賢之道而不把下棋、文章等放在心上時，詢問王陽明這是否妥當？王陽明對此也表示了欣賞。

王陽明認為專於聖道才算是專，精於聖道才算是精。專心下棋而不專於聖道，這種專是沉湎；精於文章而不精於聖道，這種精是癖好。聖道是既廣又大的，文章技能雖然也是從聖道中來，但是只賣弄文章和技能，這就離聖道太遠了。所以非專便不能精，非精便不能明，非明便不能誠，所以古書說『唯精唯一』。精是精粹，專是專一。精然後明，明然後誠，所以明是精的體現，誠是精一的基礎。一，是天下最大的本體；精，是天下最大的功用。

聽了他的這番見解，喬宇既佩服，又覺得有些氣餒，責怪自己為什麼沒有早點明白這個道理。王陽明怕他受了挫折，對他大加勉勵了一番。

兩人在一起切磋有著共同的學術志趣，充滿了智慧和興奮，彼此都從中受益匪淺。而在大興隆寺的講學和談經論學也吸引了全國很多讀書人，但凡有機會進京，諸如進京趕考都希望能夠到這裡體悟一下這種治學的氛圍。

打通朱陸二學說

大興隆寺的暢談學問的確令王陽明感到了鑽研學問的人生意境，但是好景不長，朝廷任命喬宇為南京禮部尚書，大家不僅要離別，就連王陽明平日在京城中說話行事都要注意一些，因為喬宇一走，王陽明等於在朝廷失去了靠山，無人再能幫他講話。再加上身為天子的皇帝和那些拚命捍衛朱學的士大夫們不可能容忍有人在自己的眼皮底下肆意地鬧騰。因此，王陽明本無所指的切磋學問就變得非常敏感起來。

王陽明的為學之道也深深地影響到他的弟子。弟子們平日裡熟讀古籍，對朱學、陸學常常會有自己獨特的見解，對此王陽明非常贊許每個人都有自己的想法，他常常鼓勵弟子們之間展開激烈地爭辯，因為真理往往越辯越明。

而對於王陽明自己來說，他也常常陷入思考中，對朱學與陸學產生的衝突、矛盾，如何進行評判也是他自己想法一直尋求的答案。王陽明雖然想要在表面上表明這兩種學說各有優勢，但是經常還是在字裡行間顯示出他推崇陸學的想法，而對於朱學則是表現出了不滿的態度。時間一長，弟子們就已經不能滿足與王陽明含糊地回答了，而是希望王陽明能夠旗幟鮮明地表明自己的立場。

而王陽明其實也希望能夠借助於弟子們的爭辯來表明自己的觀點，為此他特意給自己的弟子寫信，來清楚地表明自己的想法。王陽明認為，陸學宣傳尊德性，同時也提倡應該深入到實踐生活中，不斷感知、體悟到真理的存在，而多多閱讀書籍也能夠增長個人的知識和提升思想境界。他的觀點已經非常明確，自己是非常推崇陸學的。王陽明的這個觀點，使得很多弟子恍然大悟，原來陸學的精髓在這裡。王陽明的這個觀點也使很多人對陸學的誤解有所消除。

當時，朱學非常受到社會的推崇，在這種情況下貶低朱學會容易招致很多人的不滿。因此，王陽明對朱學的批評自然也非常小心、謹慎。他在給弟子的一封信中，用非常含蓄、委婉的方式來表達自己的真實想法。而他對後人只注重朱熹注解中細枝末節的探討，從而忽視了朱學中頗為重要的精華感到遺憾。在信中，王陽明還流露出對陸學的高度評價，認為過去人們對陸學缺少深入、準確的評判，有失公允。朱學在明朝備受推崇，王陽明此番對朱學的抨擊，必然會招致其信奉者的反擊。其中也包括很多王陽明過去的摯友，也對王陽明的觀點非常不滿，公開表示反對。一片反對聲也招致了朝中當權者的警惕，他們不僅對朱學遭受攻擊而感到不安，也為王陽明公開講學的做派感到不安。他們就想方設法要來打擊一下王陽明的狂妄，所以對大興隆寺講學的三人施行分離的做法，避免他們再聚在一起，散佈不利於他們的言論。

王陽明志同道合的友人湛若水受朝廷命令出使安南，分開之時彼此的心中都充滿了無限的傷感，不知何時才能夠再聚首？湛若水帶給了王陽明很多思想上的啟發和領悟，對此王陽明心裡一直非常感激。為了表達自己對好友的深厚情誼，王陽明特作詩一首《別湛甘泉序》，既是對自己治學經歷的反思和剖析，也充滿了對好友的敬意和深情：

顏子沒而聖人之學亡。曾子唯一貫之旨傳之孟軻，終又二千餘年而周（敦頤）、程（顥）續。自是而後，言益詳，道益晦；析理益精，學益支離無本，而事於外者益繁以難。

的確，人生難得一知己，知音難覓，能夠在治學的路上相互切磋、相互探討真是一大幸事，如今面臨分別，怎麼能不感慨呢？

原來這才是《大學》

在王陽明的弟子中，他對大弟子徐愛尤其器重，徐愛不僅與他有著姻親關係，他是自己的妹夫，而且王陽明對徐愛為人厚道、積極追求進步的品質非常看好。徐愛拜他為師的時候，正是在他被朝廷貶往貴州之時，當時很多人擔心自己貶謫官員的身分禍及自身，所以避之唯恐不及。而唯獨這位徐愛仍然堅持要公開拜師，這一舉動給當時四面楚歌的王陽明帶來了很大的心理安慰，能夠在這個時候還堅持力挺自己的人是何等難得呀。

其實，說到師道，王陽明也感到很慚愧，因為自己這幾年四處奔走，很少有機會能夠為這位徒弟授課。他也在一直尋找機會，能夠有所彌補。

正德七年年底（一五一三年初），王陽明前往南京任職，恰好徐愛也到京城接受考核，並且被朝廷晉升為南京工部員外郎，天賜機緣，恰好能夠同行，圓了兩人要切磋學問的夢想。

王陽明看著眼前這位仍顯稚嫩的弟子，不禁感慨起來。幾年不見，二十六歲的徐愛這個時候雖然已官至五品，但是那汲汲於求學的性情卻依舊沒有改變，在王陽明看來仍然是個尚帶稚氣的青年。只是不知道分別的這幾年時間裡，這位弟子的學業進展如何？是不是因為缺少了老師的督促就懈怠了呢？想到這裡，他有意想要考一下這位弟子的學問。也許是心有靈犀，徐愛心裡也在嘀咕著，與老師分開五年，師生好不容易能夠重聚在一起，老師肯定也想知道自己的學業進展。他自認為這幾年還是絲毫不敢懈怠，所以還是頗有底氣的。

於是，王陽明就讓徐愛將《大學》經文誦讀一遍，這對於徐愛來說，簡直是不費吹灰之力，自己早在十多歲時期已經滾瓜爛熟了。他於是就隨口誦背起來。王陽明聽完後，問道：「你的確非常熟悉，可曾想過這篇經文有哪些錯誤？」

這一問使得徐愛非常吃驚，他滿腹狐疑，難道自己把經文誦讀有誤嗎？不可能，所以他思索片刻，仍然不明白老師話裡的意思。

王陽明則微微一笑，說道：「這個錯誤不在於你，而在於這兩位宋朝的大儒程頤和朱熹，他們自認為對孔孟學說最權威的解釋，但是他們也曾誤讀，例如孔子談到『修己以安百姓』。所謂的安百姓就是要親民，教化民眾，但是這兩位宋朝的大儒卻認為是『新民』，而不是『親民』，這難道不是錯誤嗎？」

王陽明的解讀一下子使得徐愛愣住了，他自小所接受的教育中都將程頤和朱熹奉為經典、權威，從來沒有絲毫的懷疑。如果真如老師所說，自己接受的程朱學說豈不是被誤導了嗎？所以，這也促使徐愛開始反思程朱學說，他後來將自己與老師之間的對話，詳細地記載在陽明語錄即《傳習錄》的序言中：

先生於《大學》「格物」諸說，悉以舊本為正，蓋先儒所謂誤本者也。愛始聞而駭，既而疑，已而殫精竭思，參互錯縱以質子先生，然後知先生之說若水之寒，若火之熱，斷斷乎百世以俟聖人而不惑者也。先生明睿天授，然和樂坦易，不事邊幅。人見其少時豪邁不羈，又嘗氾濫於詞章、出入二氏之學，驟聞是說，皆目以為立異好奇，漫不省究。不知先生居夷三載，處困養靜，精一之功固已超入聖域，粹然大中至正之歸矣。

愛朝夕炙門下，但見先生之道，即之若易而仰之愈高，見之若粗而探之愈精，就之若近而造之愈益無窮，十餘年來竟未能窺其藩籬。世之君子，或與先生僅交一面，或猶未聞其謦欬（**謦**ㄑㄧㄥˇ**欬**ㄎㄞˋ：談笑），或先懷忽易憤激之心，而遽欲於立談之間，傳聞之說，臆斷懸度，如之何其可得也？從遊之士，聞先生之教，往往得一而遺二，見其牝牡驪黃而棄其所謂千里者。

（《傳習錄上》）

徐愛對老師的質疑也是欽佩之至，這使他想到了孟子曾經談過，盡信書不如無書。凡事都要有敢於質疑的勇氣，才能促使自己的反思，不斷提升自己的學問。否則只能是沉浸在對古人、權威的迷信中，則只能故步自封。徐愛也深知老師的學問並非信口開河，而是經過臥薪嘗膽地苦心鑽研而獲得的。而對於其他人來說，對於王陽明敢於挑戰經典、權威的做法則是非常反感，很多人對王陽明的解讀不能接受，王陽明自己也因此遭受到了很多的批評和指責，的確，挑戰明朝已經存在一百多年的權威並非一朝一夕的事情，需要人們一個漫長的接受過程，更需要社會實踐的不斷檢驗。

因此，這一路對徐愛來說，可謂是收穫頗豐，王陽明也對這個弟子非常喜歡，師生之間難免惺惺相惜。但是，遺憾的是，徐愛後來是英年早逝，年僅三十一歲，天妒英才。

第五章 巡撫新命——文攻武衛，屢建戰功

在滁州的歲月

朝廷任命王陽明為南京太僕寺少卿後，王陽明由於諸多事情的牽絆，一直到十個月之後，也就是正德八年十月才來到滁州。

到任之後，王陽明發現這個差使的確是清閒，經常有大把的時間是無事可做。他這個南京太僕寺少卿，主要是負責馬政，但是當時朝廷對於馬匹相當鬆懈，馬匹的數量也日益減少，因此這也是個閒職。

當然，朝廷之所以將王陽明安置在這個位置上，也是有意冷落他，因為王陽明對政事經常發表自己的觀點，口無遮攔，難免會觸及到一些當權派甚至是皇帝的軟肋，因此調配他

到這裡就是為了打擊一下他的氣焰。而這個安排對於王陽明來說，心裡的確非常失意，一度陷入深深的失落中，難道自己滿腔的抱負就要荒廢在這馬匹的管理中嗎？但是，反過來又想，事情既然已成定局，悲觀失望、唉聲歎氣都無濟於事，這個差使正好清閒，可以用來潛心做學問，去除自己過去浮躁不安的性情，也並非都是壞事。

自古以來，很多仁人志士的成功之路都並非是一帆風順的，磨難、挫折都是難免的。而真正決定個人發展的並非這些外在的條件，而是取決於自己的內心。一時的失意反倒能夠促使有志之士提升對個人意志的磨練和人生的感悟，從這個角度來說，反倒是件好事。

滁州距離大都市南京雖然僅有二百里，但是由於交通不便，因此經濟發展相對落後，也就顯得冷清一些。這對於王陽明來說，正好可以遠離喧囂與繁華，潛心鑽研學問。因此他在這裡也開始了講學的生活，經常與弟子傳授學問，也自得其樂。

滁州雖然經濟並不發達，難以與南京這些大都市相比，但也是很多文人墨客嚮往之地。這與宋代歐陽修那篇著名的《醉翁亭記》有很大關係。歐陽修是當時的一代大文豪，受到了天下很多讀書人的敬仰，因此很多人就是慕名前來滁州來親自體會琅玡山的風景。

琅玡山位於滁州城西南十里，樹木蔥蘢、鬱鬱蔥蔥，環境清雅。歐陽修來到這裡之後就陶醉於當地的美景，他尤其愛好飲酒作詩，因此自稱為「醉翁」。他的千古名篇《醉翁亭記》就是在這裡作出的。王陽明也多次來到琅玡山，也非常陶醉於山中的美景，留下了與此有關的十多首詩，但是他卻沒有提及歐陽修及其著作。不得不使人懷疑他對這位大文豪很可能並不認同。歐陽修沉湎於飲酒的做法，他並不認可。但是他也不願意表示明確的反對，而是保持緘默，不置可否。

王陽明在滁州的政事頗為清閒，所以他大多時間是與慕名前來的讀書人傳授學問，在切磋學問之餘，也經常遊山玩水，自得其樂。遠離了塵世的紛紛擾擾，能夠沉浸在大自然的美景之中。王陽明此時的內心的確已經擺脫了朝廷政事的繁雜，而是沉浸在自己的心學意境之中馳騁。

王陽明在滁州閒適的生活並沒有持續很長時間，在這裡待了半年之後，朝廷就將他晉升為南京鴻臚寺卿，這是禮部的分支機構，負責掌管朝會、賓客、吉凶儀禮等事務，但是南京的鴻臚寺卻並沒有多少具體的事務可做。但是，畢竟有所提升，而且南京比起滁州來講其政治性還是要重要很多。所以，王陽明心情也豁然開朗，積極準備著前往南京任職。

槳聲燈影，佈道金陵

王陽明來到南京，就任鴻臚寺卿後不久，就意識到自己目前的差事仍然是個閒差。和自己一同任職的那些人都在想方設法調離這個部門，王陽明自然不會如此行事，他對於自己的仕途並非毫不在意，但是他內心追求的「成為聖賢」目標也一直在激勵著他在學問上更進一步。所以，他顯得非常超脫，而是要專注於講學和談經論道。

王陽明並不甘心在碌碌無為中，荒廢大好時光，因此他就專注於心學的歷練，他的心學就是要超脫世俗的功名利祿，追求內心的高遠境界。當然，身為朝廷官員也並非完全能夠自由自在，也有一套機制進行激勵和約束。

在當時，作為朝廷的官員都要接受考察，王陽明在南京任職半年後也要接受考察，他對自己過去半年的政事顯然是非常不滿的，但是，自己也感到非常無助，為此他也時常流露出放棄從政、歸隱山林的念心，於是他索性上書朝廷《自劾乞休疏》，要求還鄉。

當然，當時的王陽明也並非真的是看破紅塵，這個奏摺也僅能理解為他對於長期身居閒職無所作為的狀況不滿，發洩自己的情緒。對此，似乎皇帝也看得很明白，所以他也將王陽明的這份奏摺置於一旁，並不理睬。之後，王陽明並沒有完全放棄，而是再次上書《乞養病疏》，這次又是石沉大海，對此王陽明除了遺憾，也只能寄情於做學問了。

他在南京的兩年半時間裡，在政事上難以有所作為，於是就潛心要在學問上有大的進步。他幾乎每天要做的事情就是讀書、思考、講學，與朋友、弟子們一起探討學問，每每與人探討的時候，他經常會有豁然開朗的時刻，似乎自己在一步步地接近於心學的精髓了。當他有這種思想感悟的時候，他除了與弟子、友人們分享之外，還會揮筆寫信，向遠方的友人、弟子們分享這種感悟，所以他的很多真知灼見都能夠在他與別人的信中得到體現。

王陽明在內心冥想的時候，常常習慣於靜坐。他在貴州龍場的時候就已經形成了這種方式，多年來他就認為靜坐能夠使人心境平和、靜心冥想，而且經常茅塞頓開、有所收穫。所以，他也教學生學習靜坐，用意念來克服內心的私心雜念。

王陽明在南京任職後，有很多學生也一直追隨他前往。而他的得意弟子徐愛這時也在南京任職工部員外郎，徐愛非常熱心於幫助這些師兄弟們安排具體的事務。他自願給大家當起了「學長」，主動安排老師的授課時間，以及其他的事務性工作。對此，王陽明是非常滿意的，這些繁瑣的事情的確需要有人做，而徐愛是再合適不過的人選。

而王陽明的這些學生中，天賦差異很大、秉性各不相同、勤勉程度也不一樣，因此每個人的學問長進也不同。有些人一點即通，有很高的悟性，還能常常帶給王陽明很大的啟發；有些不僅難以有所長進，還將老師的教誨完全拋棄，行事背叛師門，也讓王陽明心痛不已。

王陽明常常教導他的學生，世事無常，每個人都會遭遇到難以預料到的變故，可能會對個人造成非常大的打擊，這時客觀事實已經無法改變，只有用心學的理念來戰勝外在的苦難，用自己的心境來提供強大的支援，逐漸達到心境的至高境界。

任南贛汀章御史巡撫

正德十一年（一五一六年）九月，王陽明接到朝廷新的任命：「都察院左僉都御史巡撫南贛汀漳等處」，這個任命也是王陽明沒能想明白的。原來，當時的皇帝明武宗朱厚照懦弱無能，又依靠一些宦官當政，令一些正直、有才能的大臣頗為不滿，文武官員的明爭暗鬥自然會影響到對百姓的治理，天災人禍、民不聊生，匪患四起，尤其是江西、湖廣、福建、廣東四省交界的地區，土匪、惡霸、盜賊非常猖獗，百姓苦不堪言。而這些地方又處深山地區，地勢險要，易守難攻。為此，朝廷多次派兵，都不能給這些匪患威懾，反而匪患的情況更加囂張，更為肆無忌憚。

朝廷多次派兵前去圍剿，但是都遭到了山賊們的頑抗抵抗，官兵難以與山賊們相抗衡，反倒助長了山賊的囂張氣焰。而這次任命王陽明為「都察院左僉都御史巡撫南贛汀漳等處」，可以說是臨危受命，對他還是寄予了很大的希望。

王陽明對這四省邊境地區活躍的山賊進行了翔實的調查，發現這些山賊們多是農民出身，聚集在一起佔山為王，經常掠奪百姓牲畜、財物，有時甚至圍攻縣衙，以此來獲取物資供其揮霍，這一帶的百姓深受其害。

當然，王陽明心裡非常明白自己此時的升遷面臨著很大的壓力，一旦自己剿匪不力，也會授人以柄，就給了那些排斥自己的人抓住了把柄。所以，他前思後想，還是不接這塊燙手的山芋，他接到朝廷命令後便上書請求辭去這個職務。當然，他也陳述了自己的三個理由：體弱多病，難以應對繁重艱苦的作戰任務；自己天性愚鈍，缺乏軍事指揮才能；祖母年事已高，要盡孝道，返鄉侍奉。而他的這些託辭，在皇帝看來，其實都是沒有很強說服力的，只是表露出來王陽明對這個職位不是很滿意。因此，皇帝並沒有批准他的奏摺。一方面是王陽明對要求辭去這個職位的理由都不夠充分；另一方面也是朝中的確難以選拔出來更為合適的人選。於是，朝廷非但沒有批准他的奏摺，反而再次下發了敕諭，催促他儘快赴任。

而王陽明在接到這個敕諭後，仍然是遲遲沒有動身，似乎仍然在寄希望於朝廷批覆他的請求。此時，恰好發生了另外一件事，朝中一位大臣也被派去剿匪，他也同樣上疏請求辭去，結果沒有得到批覆，反倒貽誤了剿匪時機受到了朝廷的懲罰。於是，朝廷就以此作為前車之鑑要求王陽明及早去赴任。這次，他不敢再有懈怠，第二天就踏上了前去江西的征程。

王陽明在行進的途中，竟然也遭到了一夥盜賊的襲擊，當時盜賊的囂張氣焰可見一斑。王陽明對此並不緊張，反倒舉重若輕，他只是把船隻進行了編隊，形成了強大的氣勢，旌旗開道，頗具威嚴之氣。這些盜賊見此情景，就意識到這是位高人，居然就此嚇破了膽子，跪下討饒。王陽明也並沒有想將他們趕盡殺絕，就登岸對他們講明大義，勸其改邪歸正。這些盜賊一來懼怕這位官員的懲治，二來也並非心甘情願成為盜賊，而是被一時的生活所迫，因此對王陽明的勸解也心服口服，紛紛表示願意金盆洗手。

這只是南行當中的一個小插曲，王陽明此去江西令他沒有想到的是，這成為他人生的一個重要轉捩點，是他今後軍旅生涯的開始。

漳南戰役

當王陽明還是懵懂少年的時候，就有滿腔抱負要為朝廷平息暴亂貢獻力量，他還曾經幼稚地上書朝廷。多年之後，他已經褪去了年少的輕狂和幼稚，增加了更多的成熟和穩健，如今被朝廷任命為南贛汀漳巡撫，也正圓了自己年少時的夢想。因此，對於平定贛州動亂他還是滿懷信心的。

南贛當地多發動亂，朝廷多次出兵剿滅都難以平息。也有很多官員躍躍欲試，想要藉此施展才華，可惜都難以如願。王陽明尚在前往贛州中途，就得知福建、廣東兩省的巡撫都御史、巡按御史下令將士分頭圍剿漳南山區的山賊。王陽明得知後，就心存疑慮，因為兩省兵分兩路，很難統一行動，而山賊盤踞之地地形複雜、又個個剽悍善戰，這次行動未必能夠得勝。結果，正如王陽明所料，兩省的行動皆以失敗而告終。

前車之鑑，讓王陽明對此次平定南、贛之地的動亂也格外小心。這些地方的匪患已經存在有十餘年，百姓遭受迫害、困苦不堪，朝廷也多次出兵，均以失敗而告終，深陷剿匪的泥潭中難以自拔。朝廷的鎮壓不力，反倒促使山賊們更加猖狂。那麼王陽明這次率兵前來又會是什麼樣的情形呢？

王陽明來到當地之後，首要做的工作就是透過多種途徑，儘快掌握山賊翔實的資料。對他們盤踞的位置、地形狀況、民俗風情等都有所瞭解。這些各佔山頭的山賊們以江西和廣東交界的橫水、桶岡、浰頭勢力最為強大，也最難以對付。他經過周密的分析後，決定先對勢力相對較弱的地方下手，繼而再啃那些硬骨頭。

當時山賊們的密探、暗哨也較為普遍，他們經常潛伏在官兵的隊伍中，可以透過多種方式來打探到官兵的行動，並且迅速密報給山賊的首領。對此，王陽明決定不打草驚蛇，而是採取將計就計的方式來巧妙地利用這些人。他假意要從漳南山區撤兵，暫時不再出兵。這個消息傳出後，山賊們就各自採取應對措施，而放鬆了對漳南地區的防範。而王陽明這邊安排將士秘密行動，以迅雷不及掩耳之勢來狠狠打擊山賊。這些猝不及防的山賊們自然無力抵抗，節節敗退，只能向福建漳州府南靖縣平和鄉的象湖山退守。王陽明運籌帷幄，一鼓作氣，要徹底剿滅這些山賊。他從容鎮靜，指揮官兵分為三路挺進象湖山。但是，這場戰鬥打得相當艱辛，官兵們畢竟不熟悉地形，而「山賊」們善於憑藉天險，將早已佈置的滾木巨石紛紛用來對抗官兵，傷亡慘重。王陽明為此改變策略，趁山賊難以顧及的時候，命人從山間小道潛入對方的後方，山賊們腹背受敵，難以抵抗，官兵趁勢追擊。

王陽明指揮的平定漳南山賊的戰役進行了近三個月，並且由於當地地勢險峻，氣候多變，因此戰鬥過程非常艱辛。但是，王陽明最終還是取得了豐碩的成果，剿滅兩千七百餘名「山賊」，一千五百餘人被俘虜，還有難以計數的人跌落山谷斃命，四千多名「山賊」被招撫。這一次王陽明還徹底將山賊的老巢搗毀，官兵們焚燒了山賊們佔據的至少三千多間房屋，可以說是大獲全勝，一舉剿滅了為害一方的山賊之患。

捷報傳來，朝廷也非常震驚，因為朝廷十多年派兵無數，均以失敗而告終，此次在朝廷尚未發兵之際能夠獲得如此大的勝利，也充分顯示了王陽明非凡的軍事才能。正當王陽明捷報頻傳之際，久旱的福建南部也連降三場大雨，被人稱為「久旱逢甘霖」，有人建議就將王陽明的臨時行台的大堂命名為「時雨堂」，王陽明欣然應允。

提督南贛軍務

首次打仗就取得了勝利，這使得屢戰屢敗的官兵精神大為振奮，意識到眼前的這位將領不再是之前那些碌碌無為的無能之輩了，剿匪指日可待。王陽明在將士們心中的威望自然也樹立起來了，這使王陽明頗感欣慰。

王陽明一向心思縝密、善於觀察，所以他對這次初戰的結果還是很滿意的，也對將士們進行了嘉獎和鼓勵，大大提升了軍中的士氣，然而，王陽明也發現了軍隊中存在的問題，而且亟待整頓，原來軍隊的紀律性很差，士兵們作戰很是隨意，如果長此以往，那麼再英明的指揮官也無法讓這支沒有戰鬥力的軍隊取得勝利。

所以，王陽明在初戰告捷後，就開始整頓軍隊，希望能夠透過一系列的整頓措施，大大提升軍隊的戰鬥力和凝聚力。他對自己的整頓措施還沒有十分的把握，於是就先開始進行試點，如果方法得當，效果顯著，再大範圍地推廣到其他軍隊中去。

王陽明將這次作戰的一支軍隊作為試點，改變了過去的編制，將二十五人組成一個「伍」，設置伍長；兩個「伍」可以合併為「隊」，設置隊長；四隊合併為一「哨」，設置「哨長」；兩哨合併為一「營」，設置營長以及兩個「參謀」；三個營合併為一陣，設置「偏將」；二陣合併為一軍，設置「副將」。偏將、副將的設置可以依據實際情況靈活機動的設置。而高一級的長官有權力處置下一級的長官，這樣一來上下聯動，就能夠有力地加強對整支隊伍的管理。

為了加強各個部分之間的聯絡，及時有效地傳遞軍情，王陽明還為相應地編制特製了「伍符」、「隊符」、「哨符」、「營符」。

而這些措施運用起來，將士們發現在軍隊演練的時候確實比過去先進多了，所以也就自覺地遵照實施。王陽明自己也沒有想到，自己年少時，閱讀兵書的秘笈還真能夠派上用場。王陽明初戰告捷的消息傳到朝廷，皇帝和大臣們也頗為興奮，之前多年頻傳失利的消息，已經有多年沒有勝利的消息傳來，怎能不令人振奮？王陽明也趁機對今後的作戰方案詳細稟告朝廷，並要求賦予更大的權力。他指出了兩種作戰的方略，並且詳細分析各自的利弊，請求朝廷不要規定剿匪的期限，也給自己充分的主動權力，能夠自己確定作戰的時間、措施，這樣一來不僅朝廷無須耗費過多的糧餉，也減少百姓遭難。

王陽明的奏疏遞上去之後，在朝中議論紛紛，大臣們既對他的功勞刮目相看，也難免嫉妒之意，另一方面也對他的狂妄自大感到憤怒。於是，在這個問題上形成了兩派針鋒相對的意見，為此雙方爭執不下，竟然拖延了三個月，才下達了朝廷的委任書，內容並不複雜：「王陽明著領提督南、贛、汀、漳等處軍務，換敕與他。欽此。」由於當時的軍隊中，只有「提督軍務」才能有權力調動軍隊。所以內閣又繼而起草了敕諭，對這個委任進行補充說明。這樣一來，王陽明的權力大大增強了，自己有了很大的自主權力，他可以根據軍情來確定作戰方略，也可以對地方官進行督促，還能夠對不聽號令者，「俱聽軍法從事」，至於軍馬錢糧等事宜，一般情況下都能夠自行確定，只有遇到大的事情，才需要請求朝廷裁決。

而後來的捷報頻傳也表明朝廷的這個決定是非常英明的，這也給當初持反對態度的大臣們有力地回擊。

用兵橫水、桶岡

王陽明為發動橫水、桶岡戰役做了一系列的準備，因為他對這場戰役有可能遭遇到的困難有充分的考慮，面對的敵人是江西、福建、湖廣、廣東四省以及相鄰省份的人，人員混雜，難以捉摸；而當地地形險峻，通向盜賊們盤踞的地方更是險要，盜賊們憑藉天險就能夠截斷官兵們的去路，可以說是易守難攻。此外，當時正值雨季，當地的天氣變化無常，官兵們的戰役可能將會面臨著冒雨進行的難題，加上地勢陡峭，將會面臨著更大的傷亡。為此，他要充分地組織動員充足的兵力投入這場艱苦的戰鬥，他除了部署江西軍隊外，還組織湖廣的軍隊按照擬定的日程前來增援。為此，他在充分估計到戰爭局勢的情況下，制定了周密的軍事部署計畫。

橫水、左溪、桶岡這些地方主要在江西省南安府境內，其中盤踞在桶岡的敵人勢力最為強大，地形也最為險要，為此王陽明的屬下們一致認為將桶岡作為首取之地，繼而應當先攻取，然後再進攻橫水、左溪。對此，王陽明則有自己獨到的看法，他認為先攻橫水、左溪，那麼就可以去掉心腹之患，對桶岡形成包圍之勢，這樣一來就勝券在握。屬下們對王陽明的分析也頗為信服，於是就採取王陽明的作戰部署方案。

於是，在王陽明的周密部署下，戰爭開打了，王陽明命令官兵從從江西向湖廣方向開進，於是，攻打橫水、左溪的主力軍自然就是江西各府縣的軍隊。他根據敵人的情況，採取各個擊敗的方案，將軍隊分為十個部分，規定了各個部分攻打不同對峙的敵人，將敵人的兵力打散，堅決不能讓對方糾結在一起。這樣一來，對方就處於分散作戰的狀態，難以相互支援，處於孤立無援的狀態。官兵再集中優勢兵力將其打敗。王陽明極具天才的軍事指揮才能再次得到了證實。他之前的戰爭局勢分析幾乎都在實際的戰爭中得到了驗證。聚集在橫水、左溪的山賊們根本無力應對，等他們尚未反應過來之際，王陽明指揮的官兵已經將其制伏。但是，也正如王陽明所料，官兵們打得非常艱辛，並且傷亡也較為慘重，因為當地處處是懸崖峭壁，不熟悉地形的官兵們稍不留意就跌入了萬丈深淵，為此而傷亡的官兵很多。

在橫水之爭進行得異常激烈的時刻，在左溪的戰爭也已經打響，官兵士氣高漲，衝入山賊陣營，對方立即四散逃竄，原本就可以早早結束戰鬥。但是，王陽明想到如果不在對方潰敗之時，趁機將其一網打盡，則很有可能留下了後患。到時候再去剿滅對方就要付出更大的代價，因此他就命令士兵要追擊山賊，不可放過一個。當時，天降滂沱大雨，道路泥濘，兵士們幾乎是在泥漿中和這些負隅頑抗的山賊們搏鬥。令人振奮的是，很快盤踞在橫水、左溪一帶的山賊們基本上全部剿滅，王陽明命令手下官兵一鼓作氣挺進桶岡。

由於事前的輿論都認為此次進攻是先對準桶岡，所以當地的盜賊們頗為緊張，緊鑼密鼓地部署應對，但是卻發現官兵遲遲不來，反倒先進攻橫水、左溪，這使他們都放鬆了不少，戰備上自然也放鬆警戒，這恰恰對於官兵的進攻是非常有利的。

然而，正如王陽明之前勘察的情況一致，桶岡的地理位置非常險峻，通向山賊窩點的道路僅有五條小道，並且山賊們也早已部署好了，處處是陷阱。如果硬攻，很可能就會用更大的傷亡也難以獲取勝利。雙方處於易守難攻境地，就必須要另闢蹊徑。這時，王陽明想到了一個計策可以嘗試一下，這就是勸降。雖然山賊嚴陣以待，但是對方畢竟人數不多，並且信心不足，如果能夠選出與其首領有所交往的人前去則可能不費吹灰之力。於是，王陽明就派之前俘獲的人中與其首領有所交往的一人前去。對方一見到有人前來勸降，頓時也軍心大亂，爭執不下，自然也就無心部署防範。王陽明就趁機命令官兵全力攻打，終於官兵們一步步攻入對方的老巢。其首領在混亂中被官兵殺死，於是異常艱苦的桶岡之戰宣告大獲全勝。

王陽明對這次的戰鬥頗為滿意，但他並未沉浸在勝利的喜悅中，而是給朝廷上疏請求嘉獎參加戰鬥的官兵。朝廷對王陽明僅僅用了不到三個月的時間，就一舉肅清了盤踞在江西境內多年的匪患，對王陽明的請求非常快地給予了批准。而在當地百姓的眼中，王陽明幾乎等同於神明，當他帶領軍隊經過一地時，受到了當地百姓的頂禮膜拜，甚至有地方建立了生祠進行供奉。

不久，王陽明上書朝廷建議在橫水地方設立新的縣治，改變過去朝廷行政力量無法企及當地的狀況，徹底改變匪患滋生的社會環境，這一建議很快也得到了朝廷的批准。

智取三浰

王陽明在指揮「漳南戰役」與「橫水、桶岡戰役」時，可謂聲勢浩大、風捲殘雲之勢。他乘勝追擊，想要一舉擊破廣東惠州府龍川縣境內的浰頭大巢了。

對於這個浰頭大巢，王陽明心裡很清楚，擺在自己眼前的挑戰非常之大，只可智取，不可硬攻，否則將會置自己於險境。浰頭包括廣東龍川縣境內的山區，地勢險要，層巒疊嶂。藏匿於大山裡的匪首名叫池仲容（綽號池大鬢），為人極其險惡，他手下的土匪們個個剽悍勇猛，又佔據天險，當地地勢險要，易守難攻，因此，朝廷曾經數次派兵前來剿滅他們，都以失敗而告終。王陽明來之前，也早已清楚圍剿浰頭絕非易事。但是，他並沒有被浰頭的囂張氣勢所嚇倒，而之前幾次戰役的頻頻告捷也讓他信心倍增。

王陽明為此日思夜想，多次察看地形，反覆鑽研地圖，想要尋找攻克這個難題。但是，連日來，他都沒有絲毫的進展，這令他感到了很大的挑戰。看來，採取平常的策略難以解決，是不是可以摸索到一些捷徑呢？這時，他突然腦子裡蹦出來一個人，原來這個人就是之前來向他投誠的浰頭小頭領。可不可以在這人身上找到突破點呢？經過一番冥思苦想後，一個宏偉的計畫就在他的頭腦中形成，如果計畫成功，就可以以最小的損失來獲取成功。

王陽明找到之前來投誠的黃金巢，對其給予了優厚的待遇，並指示黃金巢寫信給池仲容向他傳達幾點意思，一層內容是要告訴他王陽明的兵強馬壯，連告大捷，勢如破竹，對浰頭也是勢在必得，另一層意思是自己善待俘虜，如果對方前來投誠，那麼能夠減少殺戮。

池仲容收到信的時候，有所動搖，但是又不甘心就此敗下陣來。所以，他表面願意投誠，為了取得王陽明的信任，他派自己的弟弟池仲安率領兩百人面見王陽明。但是，暗地裡，他也在加緊戰備，決一死戰。

王陽明一見到前來投誠的人，心裡就明白了對方的陰謀，因為來的一批人老弱病殘，根本沒有戰鬥力。其實，這看似弱勢的隊伍裡，也暗藏殺機，時刻準備裡應外合來戰鬥。當然，他善於分析敵情，將計就計，對於敵人的陰謀觀察分析透徹，但是又具有身為大將的從容鎮定，不露聲色，善於麻痺敵人，誘使敵人放鬆警惕，乘虛而入，擊中敵人的要害。

王陽明一面假意接受對方的投誠，另一方面也在積極準備應對之策，做好軍事部署。他心裡很清楚，浰頭這裡的土匪熟悉地形，又勇猛善戰，而自己的軍隊要戰勝他們需要非常精心的計畫。

他打算將計就計，派得力手下帶上豐厚的慰問品深入浰頭進行慰勞。這些人冒著風險，面見池仲容，探明對方的用意，同時也嚴密注意觀察當地的地理位置和軍事設施，為戰略部署做充分的準備。更為重要的是，傳達給對方一個非常重要的訊息。

池仲容與死敵盧珂之間有很大的仇恨，而故意在這兩人之間製造矛盾。池仲容信以為真，也逐漸降低了對王陽明的戒備心理。兵家之道，擒賊先擒王，順利攻取浰頭的關鍵問題在於將其首領池仲容調離浰頭。王陽明成功地利用池仲容與死敵盧珂之間的矛盾，誘使池仲容離開了他的老巢浰頭，採用了調虎離山計。而池仲容到達贛州之後，就四處打探盧珂的情況，以此來試探王陽明的真實用意。不料他的一舉一動都在王陽明的監視之下。毫無疑問，自己虛假投誠的真實目的充分地暴露出來了，王陽明仍然不動聲色，好酒好菜地招待他，來麻痹他，並且在等待攻佔浰頭的各路兵馬都已經勢在必得，他就名正言順地將其殺掉。頭領被殺，致使浰頭軍心大亂，軍心渙散，而之前缺乏緊密地準備，因此，按照王陽明之前周密地部署，非常容易地將浰頭的所有地區攻佔。

「浰頭戰役」順利結束，不僅剿滅了當地的匪患，使老百姓的生活免除了災害，而且大大減少了兵力的損耗，王陽明可謂功高勞苦，為此他在當地普通百姓中的聲望也日漸高漲。王陽明並沒有被眼前的成績沖昏頭而居功自傲，他深切地體會到當地百姓的生活艱難，民生之艱，所以他特地向朝廷建議免除和平縣三年的全部租稅賦役，休養生息，繁榮地方經濟，得到了批准。

王陽明不僅心繫民生，關心百姓疾苦，而且也深深地意識到功高震主的為臣之道，而且多年來他也的確積勞成疾，身體狀況大不如從前，因此他向朝廷上書，請求卸甲歸田、頤養天年。但是，朝廷沒有批准他的請求，還需要他繼續發揮自己的才智為社稷謀福利。

設平和、崇義、和平三縣

王陽明在涮頭剿匪行動出奇制勝，為朝廷、百姓掃除了一大障礙，可謂功高勞苦。因為涮頭匪患的消除，也大大打擊了整個南、贛、汀、漳、潮、惠等地土匪的囂張氣焰，這些地方的山賊要嘛悄悄退出，要嘛也心中有所懼怕，不敢輕舉妄動，當地的治安狀況有了很大的改善。

王陽明手下的官兵也從剿匪中繳獲了很多戰利品，對此王陽明親自過問，想瞭解一下這些囂張跋扈的山賊們真實的生活狀況如何。原以為山賊們的生活會奢侈無度，但是看到官兵們繳獲的戰利品，王陽明這才知道他們中有很多人過的生活是相當的拮据，更令他大感意外的是，兩千餘名的山賊居然平均每人只有一件衣服，很多人竟然不名一文。頓時，憐憫之情也油然而生。當然，王陽明也並非是毫無原則地一味憐憫。他有著更為長遠的考慮，因為這些地方的匪患解決之後，並不算大功告成，還要考慮到這些地方今後如何治理，才能長治久安？這些山賊們雖然有罪，但是也沒有達到要誅殺的地步。

對此，王陽明先是令手下認真核實山賊們的真實狀況，以便採取不同的策略進行管理。原來，一類是與官府為敵的慣犯，他們往往是由於觸犯法令而被官府追剿，從而逃入山中負隅頑抗，對此王陽明上書朝廷，予以斬殺；一類是來自沿海地區如廣東、福建的流民，大多是由於遭受當地豪強的壓迫難以為生，被迫當了山賊，這些人無意對抗官府，基本上也是一些小嘍囉，對此，王陽明請求朝廷赦免，願意回當地的就回去，並且可以免除其所欠下的賦稅，願意就地安置的也可以成為當地百姓。王陽明此舉，把原本鐵板一塊的山賊瓦解為不同的群體，安撫人心，穩定了當地的社會秩序。

安撫了山賊們，長期遭受匪患的地方如何管理，也是一大難題。當地的一些讀書人建議在本地增設縣治，以加強對當地的治理，則能夠保障當地的長治久安，徹底杜絕匪患。王陽明也早有此意，如今得知很多人都傾向於增設縣治，於是就上疏朝廷，力陳其中的原因：

臣觀河頭形勢，實係兩省賊寨咽喉。今象湖、可塘、大傘、箭灌諸巢雖已破蕩，而遺孽殘黨，亦寧無有逃遁山谷者？舊因縣治不立，征剿之後，浸復歸據舊巢，亂亂相承，皆原於此。今誠於其地開設縣治，正所謂撫其背而扼其喉，盜將不解自散，行且化為善良。不然，不過年餘，必將復起。」（《添設清平縣治疏》）

王陽明的分析鞭辟入裡，非常到位，也切合了朝廷的利益。朝廷也很懼怕雖然暫時剿滅了山賊，但是潛藏在暗處的山賊們很有可能不甘心，他們也在加緊聚集力量，企圖捲土重來。一旦他們得逞，那麼再要想剿滅他們可能要付出更大的代價，這也成為當時朝廷的心腹之患。而王陽明的這份奏摺，恰到好處地替朝廷解決了這個難題，所以很順利地得到了批准。經過兩年的積極籌備，第一個福建南部的新的縣治取名為「平和」，開始正式設立。為了加強對當地的治理，王陽明還將原本設在河頭的巡檢司遷移到枋頭，從而徹底制約山賊的死灰復燃。之後，王陽明又相繼在江西上猶縣崇義里的橫水設崇義縣縣治、閩粵贛三省交匯處設置和平縣。並且都將當地的巡檢司遷移至縣城。這樣一來，這些地方原本是人煙稀少、交通不便，朝廷的行政管理尚未到達的地方。缺少官府的治理，自然就很容易成為山賊們聚集的地方，並且為害一方百姓。增設縣治，就很好地解決了這個困擾朝廷以及當地官府的老大難問題。

王陽明的這一系列舉措，順乎民心、也符合朝廷的利益，增加了朝廷對於這些偏遠地方的管理和控制。王陽明的雄心壯志、意氣風發也表露了出來，為此他也有自己更為深遠的考慮，就是破除人們心中的「山賊」，以實現當地百姓安居樂業、政治清明的良好遠景。

舉鄉約，辦社學，衙門成了書院

南贛，這個在當時很多官員望而生畏的地方，王陽明僅用一年半的時間，就率兵剿滅了當地的匪患，可謂功高勞苦。朝廷為了表彰王陽明的功績，將其從正四品都察院僉都御史晉升為正三品右副都御史，並且王陽明的養子正憲也因此被封為錦衣衛百戶。

就在朝中很多人都為王陽明的晉升而唏噓感歎的時候，王陽明並沒有沉浸於自己昔日的功績中，而是已經開始思考如何治理，才能讓百姓安居樂業。的確，剿滅匪患可以在一兩年之內完成，然而要想訓導當地百姓安分守己，本本分分地為人處世，卻並非一朝一夕能夠實現的。因為，在當地很多普通的百姓心中法制的觀念相當淡薄，缺少禮制的教化。為此，王陽明已經暗下決心要用「聖賢」之道來教化當地百姓。他多年來飽讀經書，立志成為「聖賢」，那麼，當下就正好可以驗證一下自己的理想。

南贛之地幅員遼闊、人口眾多，僅靠自己的力量是萬萬不可做到的。而能夠承擔起教化百姓的當屬地方的父母官。但是，長期以來，官吏人浮於事、營私舞弊的事實已經使官吏在百姓心中威風掃地。而當地之所以長達幾十年來慘遭匪患的影響，當地官員的責任重大。想到這些，不免增添了王陽明內心的惆悵。但是，不能因噎廢食，經過這一年的接觸，王陽明也瞭解了其實有很多官員是希望能夠有所作為的，倘若能夠建立完善的治理途徑，為每個官員教化百姓都制定一個規定的模式，那麼就能夠有效地降低官員個人素質對治理的影響。

王陽明做事向來雷厲風行，一旦他經過深思熟慮認為可行的事情，就會全力以赴地去完成。教化百姓、為官一方對他來說也並非是第一次，之前他在廬陵知縣時期已經積累了很多經驗。他首先是把自己的治理之策告知手下的官員，痛陳利弊，尤其強調當地的社會風氣不良很大責任在於官員的不作為。由於一年多來，這些官員跟隨王陽明風餐露宿、同仇敵愾，共同剿滅了為害一方的匪患。因此，王陽明已經無形中樹立了崇高的威望，對他這次的治理之策，官員們自然也是心服口服。很多人都已經暗下決心要跟隨王陽明幹出一番事業來。

為了鄭重起見，王陽明自己發佈了一份告諭，命人前往南安、贛州等府分發，各府衙門要據此翻印。然後，各縣必須依據十家牌，將告諭發放到各家各戶，務必做到婦孺皆知。看到王陽明這次如此大動干戈，各府縣官員也意識到了巡撫對此事非常重視，因此，也絲毫不敢馬虎，都立刻派人翻印。就這樣，在很短的時間內，王陽明治理的地方幾乎都出現了他的告諭。百姓們看到幾乎從沒有過這種情景，都在相互告知告諭的內容。

王陽明的告諭直接明瞭，先是向百姓們分析了民風不淳的緣由，他談到：「告諭百姓，風俗不美，亂所由興。今民窮苦已甚，而又竟為淫侈，豈不重自困乏？夫民習染既久，亦難一旦盡變，吾姑就其易改者，漸次誨爾。」正是由於百姓中間長期以來風行的奢靡、浪費的習氣。普通人家平日裡節衣縮食，但是如果有紅白喜事，往往都講排場、好面子，肆意揮霍掉多年的積蓄。久而久之，就會有很多人在生活困頓的時候，無以為繼，只得為非作歹，淪落為盜賊。基於此，這位巡撫採要興利除弊，強制要求當地百姓改變過去的習俗，他將其內容做了明確的界定，如提倡厚養薄葬，提倡節約辦事。提倡以誠相待。提倡要求醫問藥。禁止舉行浪費大量人力物力的城鄉迎神賽會。

其實，王陽明的這些規定早已有之，完全不是王陽明的獨創。在儒家思想裡就大加宣揚勤儉節約，而歷朝歷代的皇帝也都宣導這些社會風氣。王陽明之所以將此作為切入點，是由於當地百姓中，相互攀比，奢靡、揮霍的風氣很盛，致使很多家庭因此而傾家蕩產、妻離子散。所以，人心思安，王陽明的做法也正是人心所向。他提倡的社會風氣很快就被老百姓所接受，並逐漸開始效仿。

移風易俗只是王陽明治理地方的突破口，之後他又推出了一系列的改革措施。他親自草擬了一份《南贛鄉約》。透過告諭的形式，提倡百姓的自我管理、自我約束，從而使得禮制深入人心。其中，他提倡以一村或者族為單位，公開推舉德高望重之人來記錄眾人的起居、勞作狀況，以此來提升民眾相互監督的意識。

王陽明的改革措施切中時弊，受到了當地百姓的歡迎，進展也頗為順利。這些措施的實施都是自上而下推行的，對百姓的約束也是由外到內的，尚未在民眾內心深處扎根發芽。這使王陽明意識到，要想從根本上恢復當地的社會秩序，就必須要清楚百姓心中的賊，改變人們的思想觀念。而要達到這個目標，就需要興辦學校，對百姓進行傳統道德教育，使老百姓能夠遵守禮制。於是，王陽明就先後在南安、贛州全面恢復社學，同時也開始興建書院。

在明代，社學興起的時間很早，早在太祖洪武八年（一三七五年）時期就要求各地官員要在鄉村創辦社學，使普通人家的子弟也能夠接受系統的教育。之後，在英宗、憲宗成化、孝宗弘治時期，都不斷地強化興辦社學的制度法令。就讀期間的費用，則往往是官府負擔一部分，學生個人也需要負擔一些，這使得原本較為貧寒人家的子弟也有機會去讀書。

但是，從長期來看，由於多方面的原因，這種性質的學校往往難以持久，但是，即便情況不夠樂觀，王陽明還是覺得一旦自己下定決心後，不管有多麼艱難，都要堅持把事情做好。在設學這件事上，他也實施了一系列措施，在社學校舍的問題上，他效法前任的做法，把一些不合時宜的寺廟改造為學堂；接著就是聘請教師的難題，王陽明對師資力量非常重視，特意聘請了福建市舶司副提舉舒芬來主持社學事務，並且動員自己優秀的學生前來任教。對各地的官員下令一定要解決教師的薪資問題，要保證教師能夠領取到應得的薪金。條件都準備成熟之後，王陽明親自對社學的辦學方向、授課內容等問題提出了自己的看法。明確指出社學要將歌詩、習禮、讀書同時並舉，大力提升學生的綜合素養。在王陽明的大力提倡和推動下，南安、贛州各地的社學相繼興起，並且取得了很多顯著的實效。

王陽明在擔任贛州巡撫期間，不僅大力興辦社學，使得很多貧寒人家的子弟從中受益，而且，他也身體力行地講學，親自將自己多年積澱的學問傳授給弟子。眾多弟子也從恩師的講學中，感受到了心學問功底的深厚，而且也對恩師的為人敬佩之至。於是有很多弟子就一直追隨著他，王陽明在何地任職，就往往會有一批弟子不遠千里地追隨到這裡。王陽明也被弟子們的誠心所深深地打動，他把自己的巡撫衙門變成了自己傳道授業的書院。可是，前來求教的弟子越來越多，偌大的巡撫衙門已經難以容納，王陽明於是就在贛州建立書院，他對宋儒周敦頤欽佩有加，所以就用他的號來為書院命名，亦即「濂溪書院」。

在王陽明的悉心指導下，培養出了一大批的弟子。諸如歐陽德、何廷仁、黃弘綱等人，很多人並都取得了很好的成績，有在科舉考試中嶄露頭角，入朝為官；也有效法王陽明向人講授、傳播心學的。他們都為王陽明思想的發揚光大做出了貢獻。

第六章 皇城鬧劇——自古英雄多磨難

寧王挑起了反旗

明朝武宗時期，整個王朝機器真正運作到了無法運行下去的地步了。不僅百姓的生活困苦，連王府也是久缺財糧。

這就是大明朝各個王爺的真實心情寫照。作為寧王府第三代親王的朱宸濠，受曾祖朱權的影響，文學素養較高，平日也愛舞文弄墨，自詡為文人能士，如若在太平盛世，這位王爺一定是為國出力的能手。

可是如今國不成國，王爺心中也有幾分惱火，好端端的大明朝就這樣被拆毀了，如若是自己當上皇帝，必然不會是這樣的結果。

此想法一出，便攔也攔不住了，久而久之，當皇帝的念頭也就興起了。朱宸濠是個明白人，他知道，想要對皇位取而代之，就先得有大量的擁護者。於是，他大肆結交大臣將士以及能人異士，一場精心策劃的鬥爭正緊鑼密鼓地進行著。

但世上沒有不透風的牆，寧王府的各種舉動多多少少被傳到了京城。大臣紛紛要求嚴懲朱宸濠。武宗下令調查，查找證據，但終因證據不足，只是給了朱宸濠一個警告。

正德十四年六月十三日，這一天是朱宸濠的生日。京城的密探抵達南昌時，王府裡正大擺宴席，十分熱鬧。宴席一散，朱宸濠立刻召集所有的謀士進行商量，聽到朝廷派來宣旨的人是駙馬後，大家都建議朱宸濠不要再按原計畫八月十五日，也就是全國舉行秋試時行大事。因為按照慣例，只有抄家全拿時，才會派駙馬親自來宣旨。

六月十四日，朱宸濠宴請的官員們按照禮俗，應該進府回賀、謝宴。等人全部到齊後，府中所有的通道都被封鎖，所有的官員都被朱宸濠當場扣押，並以奉太后之旨為由脅迫他們服從。

都御史孫燧見眾人被這個場面嚇得直發愣，便帶頭發難。質疑此次叛亂是奉太后的旨意。朱宸濠見人群當中已經有了騷亂，為了穩定局面，便命人將這些不服從的人殺掉。在場的官員再無人敢反抗，都附和著朱宸濠呼喊、舉事。隨後，朱宸濠的護衛、軍隊開始正式出動。

寧王起事這一天，王陽明剛好離開了。當時，福建發生軍官的叛亂，兵部尚書王瓊派其前往處理這一事宜。這一舉動使得王陽明躲過了為朱宸濠賀壽，免受脅迫一事。起事的第二天，王陽明得知了這件事情。雖然之前對於朱宸濠的動靜早有懷疑和警覺，但還是感到驚訝，特別是朱宸濠還殺了都御史與朝廷公開對抗。

朱宸濠早就想拉攏王陽明，但都未遂。一旦發起大事，自然也不會忽略了他，所謂順者昌，逆者亡，船開到豐城時，有人告知寧王謀反一事後，王陽明立刻改變了原來的行程，一來警惕朱宸濠的追殺，二來也可以趕緊往回召集軍馬，和叛軍周旋。

與寧王交戰

朱宸濠叛亂的消息一起，人心惶動。正德十四年六月十九日、二十一日，王陽明緊急上奏朝廷。這個時候，朱宸濠已經率兵出鄱陽湖，並對安慶進行圍攻。局勢越來越嚴峻和複雜，安慶若是被攻破，那麼整個南京就會十分危險。可是憂心如焚也無濟於事，因為當時作為南贛汀漳巡撫的王陽明身負的差事是平定福建的兵變，對於這次的事情並沒有處理的權力，所以至今他的手中沒有一兵一卒。

不知如何是好的王陽明，在向鄰省請求發兵的同時，還冒險寫假的文書和書信來虛張聲勢，以此攪亂朱宸濠的軍心。一連串的假公文、假情報確實是亂了朱宸濠的方寸，使得他不敢輕舉妄動。趁此機會，王陽明聚集了江西境內各府縣的軍隊。

七月十八日，王陽明誓師北上。朱宸濠對安慶進行圍攻，雖久未成功，但安慶城裡的官兵已經是精疲力竭，堅持不了多久。所以，支援安慶，解除安慶的圍困是當務之急。為了獲取具體的進軍方案，王陽明召開軍事會議，徵集各領兵官員的意見。會上很多人都建議立即率軍救援安慶。雖然解救安慶是首要的任務。但是王陽明認為，如果直接增援安慶，可能會引來正面的衝突。本來圍困安慶的軍隊會反擊我軍，朱宸濠還很有可能會派軍從背後夾擊。按照現在的軍勢和實力，是萬萬不能的。最後，王陽明做出了一個冒險的決定：攻佔南昌。

雖然王陽明的軍隊和朱宸濠的軍隊在素質上相比有很大的不足之處，但是留守南昌城中的人數並不多。而且，王陽明的軍隊是從各地招募來的忠義之士，在氣勢上是有一種要壓反的正義。王陽明認為只要攻克南昌，就相當於攻克了朱宸濠的作戰基地。不僅能夠從側面解除安慶被圍困的境地，還可以反過來牽制朱宸濠，解除南京的危險。

統一好作戰思想後，王陽明開始進行緊密的籌畫和戰前的各項準備。在對南昌發動進攻之前，王陽明向南昌城裡的百姓發了即將要攻城的告諭。並說明朱宸濠謀反的罪行，百姓大可不要驚慌，而從逆的人或官員，只要開門投誠，幫助撫慰百姓，都可得到一條生路，否則只有死路一條。

七月十九日夜，先頭部隊到達南昌的廣潤門外。王陽明親自到廣潤門外誓師，頒佈並申明了嚴格的軍紀。部隊聽鼓聲而行動，一鼓附城，再鼓登城，三鼓不克誅伍長，四鼓不克斬將。第二天黎明，準備好的各路軍隊隨著一陣陣鼓聲的響起，對南昌的總攻正式發起了。

早已經被告諭和投降書弄得軍心渙散的守城軍隊，雖做了抵抗，但奈何不了王陽明的軍隊大規模的進攻。到了中午時分，整個南昌城被佔領。寧王府的人一聽到南昌城失守的消息後，便縱火自焚。霎時間，瘋狂的火勢蔓延到了周圍的民居，在王陽明的控制和指揮下，攻城的士兵立即投入到救火和安撫居民當中。混亂的局面得到了控制，一切變得有條不紊起來。

這邊，朱宸濠正在指揮軍隊準備強攻安慶，卻得到王陽明攻佔南昌的消息，於是馬上下令回師南昌。這個時候，朱宸濠的謀士李士實和劉養正得知朱宸濠的決定後，立即勸阻他，並告訴他，南昌不是當務之急，南京才是。朱宸濠覺得安慶都如此難攻，攻取南京又談何容易。攻下來還好，若攻不下來，還賠失南昌，那可如何是好。於是，立即派部隊支援南昌，自己則率領大部隊隨後而來。

朱宸濠的迅速回兵令王陽明有些詫異。雖然王陽明早就派出部隊阻擊朱宸濠的先遣軍，但是朱宸濠帶領大部隊火速回擊，這是王陽明招架不住的。因為，此刻他的全部軍隊，仍舊是先前從各地召集起來的兩三萬人，那些他不斷請求的援兵不見蹤影。這種情況下，很多官兵都勸王陽明應該退守南昌城，等待援軍的到來。

但王陽明卻認為，退守南昌，只會把自己推向被動。雖然從各方面分析，朱宸濠都佔了上風，但是自己這邊也是佔有優勢的。首先，朱宸濠本來就是做賊心虛，南昌被佔領，此刻他應該是心急如焚，急躁不已。這個時候，更應該抓住他的弱點主動出擊，而不是等待他來攻佔。他立刻進入到戰爭狀態中，再一次統一思想，強調軍紀，部署軍事。

七月二十三日，朱宸濠的先遣部隊已經逼近南昌城，來勢洶洶。二十四日一早，朱宸濠所率領的大軍已經到達城外的王家渡。王陽明派吉安知府伍文定率領軍隊和朱宸濠的軍隊進行正面的進攻。初戰之時，偽裝敗走，把敵人引入早已設伏的地帶，奮力追趕的敵人便和大隊伍拉開了距離，前後也就不能相顧。這個時候，伏兵從四處出擊，包圍朱宸濠的軍隊。這一戰下來，朱宸濠的軍隊損失慘重，不得不又從九江、南康等地調集軍隊。

王陽明得知朱宸濠將九江、南康二城的守城軍隊調出的消息後，立即派兵前往這兩座城市，並迅速收復，這為王陽明最後能夠生擒朱宸濠打下了基礎，掃清了道路。

決戰寧王朱宸濠

正德十四年七月二十五日，這一天，北風興起，朱宸濠率領軍隊準備再次攻擊。王陽明知道初戰失利的朱宸濠必定會盡全力攻擊，這一戰將會是一場惡戰。

天微亮，王陽明率軍順江而下，準備迎擊朱宸濠。由於受到風勢的影響，戰爭開始時，王陽明的軍隊被敵方的陣勢所嚇倒，一時退卻，亂了陣腳，死了數十人。王陽明見此狀況，下令全軍，不許後退，嚴格遵守號令，擅自主張者一律斬。

吉安知府伍文定見王陽明穩住了陣腳，便帶頭向敵方的船隊衝去，他立在船頭，迎著炮火，即便是燃燒了頭髮、鬍鬚，他也巋然不動，不後退半步。伍文定的拚死奮力，使得軍隊氣焰上漲。這時，王陽明命人在其指揮船上升起一塊寫著「寧王已擒，我軍毋得縱殺！」的大白布。朱宸濠的軍隊看到這個不知是真是假的消息後，倒也陣腳大亂，一時間沒有了作戰的心思。伍文定見狀，乘勢追擊，敵方的戰船即刻被炮火包圍，朱宸濠下令，所有船隻後退，朱宸濠的軍隊在一陣嘩亂中狼狽敗走，退至樵舍。

站在船頭，看著順江而下的死屍時，朱宸濠失聲痛哭。在旁人的勸慰下，朱宸濠漸漸平息下來，將停擺在大江上的船隻連成一體，結成方陣，準備再戰。佈置好一切後，朱宸濠走進妃嬪們的船艙。當初，帶著妃嬪兒子們起兵，是為了在南京登基冊封做準備，沒有想到，轉了一圈，又回到了南昌。特別是在未起兵之時，其妃子婁妃就勸他不要有這樣的非分之想，朱宸濠覺得婦人之見不可聽，現在想來，後悔都已經來不及。

妃嬪們看著現在這個局面，哭作一團。只有婁妃明白，成為王，敗為寇，已經到了這個地步，再說也無益。她拿出自己所有的錢財首飾，交給了朱宸濠。其他妃子也明白了用意，紛紛將首飾取出。朱宸濠命人將這些首飾分給了將士們，算是為這最後一戰打氣。

七月二十六日天剛亮，朱宸濠正準備下令進軍時，上游王陽明的軍隊炮號連天的殺來。帶火的弓箭如雨點般墜入朱宸濠的戰船，整個船陣頓時成為一片火海。士兵們逃命的逃命，投降的投降，亂作一團。朱宸濠的妃嬪、丫鬟等人，也紛紛投水自盡。

此時，朱宸濠大勢已去。慌亂中，他喬裝打扮，跳上一條小漁船，想要趁機逃跑。卻不知，小漁船早已經被王陽明所控制，朱宸濠就這樣被王陽明活活地抓住。朱宸濠的謀士以及當初被脅迫的官員們除了被殺的之外也都被活捉。

朱宸濠處心積慮了十多年的戰爭，卻只用了四十二天便化為烏有。當朱宸濠被押至王陽明面前時，胸中憤恨難解，他大聲喊叫，朱家自己的事，何煩你王陽明這般周折費心。又說，你儘管拿去我的頭銜，家財，只懇求留我一條命，貶為庶民。王陽明見朱宸濠囂張的氣焰有所緩和，才冷冷地回答他，自有國法在。

朱宸濠知道局面根本無法挽回，到了最後他誠懇地請求王陽明幫助他收斂婁妃的屍體。朱宸濠的這位妃子，是著名大儒婁諒的女兒，聽聞非常賢慧端莊，知書達禮。而婁諒還和王陽明有過師友之情，曾一起討論過「格物致知」之說。看在婁先生的情面上，王陽明立即派人去尋找，並且按照禮數進行了安葬。

震驚朝野的寧王朱宸濠起兵謀反一事，在王陽明的指揮下，迅速被平定。七月三十日，王陽明將整個平叛的過程寫成書面文件，作為一份捷報報告給朝廷。同時還羅列了這次戰爭中的立功人員，希望能夠得到朝廷的嘉獎。隨後，王陽明像往常結束戰爭一樣，投入到了戰後安撫軍民、安置俘虜、遣散軍隊、恢復正常生活等工作中。但是在這個時候，從朝廷卻傳來一個令人震驚的消息：對於朱宸濠叛亂，明武宗朱厚照決定「御駕親征」。王陽明的捷報送達朱厚照手上時，皇帝率領的這支隊伍剛剛浩浩蕩蕩地離開京城沒多久。

按理說，寧王朱宸濠已經被活捉，那就沒有再征戰的必要，皇帝應該領軍回京。可是，如此興師動眾地「御駕親征」怎麼能夠就此了事。所以，朱厚照沒有打道回府，而是以掃除餘黨為由繼續進軍。皇帝的這一行為使得王陽明陷入了即將到來的一連串困境之中。

荒唐皇帝荒唐事

朱厚照的胡鬧是出了名的，歷史上那麼多皇帝，唯獨他能夠生命不止，鬧騰不休。

這位胡鬧皇帝非常享受打仗的快感，正德十三年七月，他從邊境地區調軍隊到京城進行集體操練，並下達旨意由威武大將軍鎮國公太師總兵官朱壽統領三軍巡邊。

朱壽是朱厚照給自己起的別名，大將軍是他的自稱，他常常覺得穿上將軍服，站在人群中，十分威武，過癮。在大臣們看來，皇帝的這種自封簡直就像個鬧劇，但是又無人能違抗。

這之後，為了長期體驗這種快感，滿足將軍的威風，朱厚照竟然在皇宮裡建了一支由太監們組成的軍隊，稱為「中軍」。每天，朱厚照都率領這支軍隊在皇宮裡進行操練，呼喊聲震天動地。

所以，當朱宸濠謀反的消息傳來，朱厚照那點興致又被挑起，好不容易能夠親自操刀上陣，怎麼能夠輕易就放過。再加上平日裡和自己舞刀弄槍的將士們不斷唆使和想要去江南遊玩的心思，於是決定要「御駕親征」。

朱厚照這樣的心思，是王陽明如何也猜想不到的。皇帝「御駕親征」的消息傳到王陽明耳中時，他以為是捷報在路上有所耽擱，皇帝才會繼續進軍，卻不知朱厚照在率軍離開京城的第二天就已經收到了王陽明發來的捷報。八月十七日，王陽明再次上疏，講明戰爭已經結束，請求皇帝返回京城。至於朱宸濠及其他俘虜，他會親自押解送往京城。然而，連續的上疏令朱厚照及他身邊那群想要立大功的將領們實感不快。甚至爆出王陽明和寧王朱宸濠之間是早就勾結好的，不然怎麼會有那麼多的巧合讓王陽明迅速平定了叛亂。不管是為了弄清楚王陽明和朱宸濠之間的關係，或是繼續掃清餘黨，或是南下遊玩。最後，朱厚照下令，王陽明軍隊等候御駕。

這個時候，王陽明才意識到問題的嚴峻性和複雜性。這一次的對手不再是山寇、謀反的寧王，而是當今的皇帝。以往在面對任何一次戰爭時，王陽明都能夠鎮定自若地去運籌帷幄，唯獨在聽到皇帝堅持要「御駕親征」的消息之後，王陽明憂心忡忡，心中方寸大亂。

皇帝朱厚照南下，所到之處，各地官員都大擺筵席為皇帝和朝中權貴們接風，這正是王陽明所擔憂的。江西人民因為戰爭的緣由，已經是極其困苦了，皇帝來這一遭，可管不了這些，他只管滿足自己那顆獵奇、玩樂的心即可。而附和在他身邊的那些人，沿途也是只顧獵豔獵物獵財之流，經過戰亂的百姓怎麼能夠又經得起這樣的折騰。王陽明並沒有遵照旨意等候御駕到臨。在處理完戰後恢復的一系列工作後，王陽明於九月十一日押解著朱宸濠等俘虜從南昌起程。

爭奪寧王朱宸濠

朱宸濠叛亂之前，就已經用各種錢財寶物不斷賄賂當朝的權貴，當聞得朱宸濠被捕時，每個人都想得到這塊肥肉，一來從他身上得到更多的珍寶，二來還可以邀功。而皇帝朱厚照更是想要顯擺自己的能力，親自抓獲寧王朱宸濠。

帶著這些目的，當時的欽差提督軍務御馬監太監張忠和威武副將軍朱泰先於皇帝的大部隊帶領著數千名朝廷禁軍前往南昌。而此時在南昌的王陽明已經親自押解朱宸濠等一干人前往杭州。

皇帝堅持「御駕親征」，張忠馬不停蹄直驅南昌，以及當時很多不利於王陽明的謠言傳開後，王陽明深思如果朱宸濠落入與自己並不和的張忠等人手中，可能更不利他，還不如將朱宸濠交給在浙江為皇帝打前站的太監張永，讓他邀功的同時也為自己說說好話。張永雖然是以劉瑾為首的「八虎」之一，但是為人還算正直。

當隊伍到達廣信時，王陽明接到張忠發的公文。大致意思是說要求王陽明快速將俘虜帶回南昌，聽候聖旨。王陽明收到這份充滿傲慢之氣的公文時，並沒有返回南昌，而是繼續押解俘虜前行。雖然，王陽明知道張忠所發的公文是真的，但他還是寫信給兵部，要求檢驗這份公文的真實性，主要是表明自己的立場和態度。

張忠得知王陽明不肯遵照他文書所提的要求後，連忙派人到廣信通知王陽明不僅要即刻把寧王朱宸濠帶回南昌，還應將其釋放，等待聖駕，也就是說讓皇帝親自抓獲朱宸濠。這等荒唐的決定，張忠就算再得寵，再張狂，也不可能擅自主張。也就是說，這應該是皇帝的旨意。王陽明冒著違抗聖旨的危險，拒絕了張忠。為了避免更多的麻煩，王陽明下令連夜從廣信出發，往杭州進發。

十月初，王陽明押解著朱宸濠等俘虜到達杭州後，便去見張永，卻吃了個閉門羹。雖然張忠等人的作為張永一向不太滿意，但是他對皇帝的心思卻摸得十分清楚，他知道皇帝此次南行的目的。所以，在朱宸濠這一事件上，二張的態度是一致的。對於張永的為人，王陽明事先就有所瞭解，當張永不見自己時，王陽明甚是不解。他推開衛士，挺身闖進張永的居住處，並且大聲叫嚷，找張公公是關乎國家大事，為什麼躲著不見？這一大義凜然的喊叫倒也震懾住了張永，關於朱宸濠的事，只是不想給自己惹上多餘的麻煩，不過在內心裡還是有一些自己的看法和主張的。於是，張永出了房門，來到中堂。

王陽明先是向張永說明了自己的來意，希望張永能夠勸服皇帝，帶軍返京。因為江西的百姓長期受到寧王的毒害，這次戰亂後又有旱災，如果皇帝再來折騰一番，百姓可真是經受不起了。張永被王陽明的一番侃侃而談感動了，他告訴王陽明只要順著皇帝的性子來，事情也還會有挽回的機會。十月初九，王陽明將朱宸濠等俘虜交付給張永。

王陽明那顆提到嗓子眼的心終於能夠放下，身心疲憊的他暫時住到了杭州西湖湖畔的淨慈寺，一邊休養，一邊等待張永的消息。王陽明認為，皇帝的目標是朱宸濠，現在只要張永把朱宸濠交給皇帝，御駕就應當會返回京城了。而張永的官又高於張忠等人，有他壓著，或許不會有太大的問題。

但是形勢的發展並不像王陽明想的那麼順利。王陽明在淨慈寺住了一段時間後，沒有等到皇帝返京的消息，反而是繼續南下。一聽到這個消息，王陽明便拖著病體離開杭州，趕往皇帝當時所停留的揚州，想要當面勸阻皇帝。當他到達鎮江的時候，卻得到皇帝任命王陽明為江西巡撫的旨意。至此，王陽明只好逆水而上，趕往南昌。

十一月，王陽明到達南昌，距九月離開已有兩個月，可是整個南昌城卻陷入水深火熱當中。當初，王陽明剛一走，張忠、江彬等人率領的軍隊就到達南昌，上萬人擠進城內，擁堵不堪。這支辛辛苦苦從北方趕來的隊伍，目的就是要滿載而歸，可是來到這所城市，看到的不是繁華，不是富有，而是戰後的瘡痍，多少有些失望和憤怒。於是，他們除了搶奪錢財之外，還濫殺平民，四處捏造是非、誣陷王陽明。儘管王陽明心中滿是激憤，但是不能因小失大，而應當從大局出發，安撫這些從北方來的軍兵，並想辦法讓他們離開南昌，這樣才能恢復百姓的正常生活。

在王陽明耐心的安撫下，北方的軍人對他刮目相看，甚至敬佩起來。到了冬至這個傳統祭祀亡靈的日子，王陽明命人掛上白幡以祭奠祖先，祭奠親人。這激起了那些遠離故土的北方軍人的思鄉之情，於是紛紛要求回家。

張忠等人看到這種狀況，知道沒有在南昌繼續待下去的可能。但又覺得不甘心，為了出心中的那口氣，要求和王陽明比箭法。在他們看來，王陽明一介文官，箭術怎麼是他們的對手。王陽明婉言謝絕後無果，最後只好勉強答應。校場之上，令所有人大開眼界的是，王陽明連發三箭，每一箭都直中靶心。

十二月，駐紮在南昌的軍隊撤離，望著漸漸遠去的隊伍，王陽明大鬆一口氣，整個南昌人民也大緩一口氣。但是皇帝朱厚照的「御駕親征」卻還在路上，王陽明要承受的還尚未結束。

讓功給皇帝

正德十四年十一月二十六日，皇帝一行到達南京，比起素有煙花之地之稱的揚州，南京的繁華更是讓朱厚照大開眼界。這座昔日的帝都除了有令人流連忘返的山水之外，那笙歌悠揚、鶯歌燕語的秦淮河更是牽住了天性愛玩的朱厚照的心。直到正德十五年的夏天，皇帝仍然住在南京，這一住就差不多是十個月。

張忠等人帶著滿腹的怨恨和不甘來到了南京。面見皇帝自然少不了要在背後嘀咕王陽明的不是。此時已經轉移注意力的朱厚照對王陽明提不起多大的興趣來，再加上這段時間張永在身邊不斷為王陽明說好話，對於傳言王陽明和朱宸濠勾結一事皇帝已經不再相信。為此他們又興了個主意。讓皇帝下旨召王陽明到南京來，如果他真的和朱宸濠勾結，肯定會害怕，不敢前來面見皇帝。朱厚照對於這個遊戲很是感興趣，於是下旨命王陽明火速趕往南京。

早就想和皇帝面談的王陽明得到消息後便立刻啟程，並派人前去報告自己的行程。這出乎了張忠等人的預料，因為在這之前，他們多次以皇帝的名義下旨，讓王陽明來南京，但都被他發覺是假的。他們以為這次王陽明肯定會這麼認為，卻不知道張永早在之前就已經把確切的消息告知王陽明。

得知王陽明行蹤的朱厚照向張忠等人炫耀這次遊戲的勝利，王陽明哪有不敢來南京見他。事後又派人傳旨阻止了正在途中的王陽明，讓他回原地待命，等待皇帝下的新旨意。想要見皇帝，卻始終見不到的王陽明內心十分苦悶，無可奈何之下，他又一次上了九華山。本愛山水的王陽明這一次在山上一住就是半個月，重返自然，悠閒自在，心中的鬱結多少得到些撫平。

平定朱宸濠叛亂差不多已經整整一年，皇帝卻因此而出軍的隊伍仍舊逗留在南下的路上。這個時候張永捎來口信，讓王陽明再上疏一封平定寧王叛亂的捷報，這次的功歸於皇帝，並要尊稱他為大將軍。王陽明知道張永是出於好意，但是他對於這樣的要求既感到好笑，又感到為難。王陽明曾在平定朱宸濠叛亂之後，連續兩次上了疏。不僅把整個平定叛亂的過程寫得非常詳細，就連有功的文武官員們的名單都已羅列出來。後來皇帝親征，王陽明還上奏《請止親征疏》。

皇帝不是不知道，只是當初懷抱各種原因執意要出征。這一次，到了南京，更是留戀捨不得走。出征一年，就這樣回京又不知該如何向朝中文武百官交代。所以說，為了順著皇帝的性子，最好的辦法就是給他一個面子，這樣他才能夠早日帶著隊伍離開南京，回到京城去。

雖然荒唐，但卻是當下最好的辦法。王陽明只好聽從張永的建議，再上告捷疏，並且說明此次平定叛亂完全是奉旨行事，皇帝即「總督軍務威武大將軍總兵官都督府太師鎮國公」是最大的功臣。

看了這個捷報，皇帝興奮不已，他自己才是指揮這場戰爭勝利的幕後主角。為了向天下人昭示，這年閏八月初八，朱厚照在南京舉行了盛大的儀式，收服俘虜朱宸濠。

《明武宗外紀》中這樣記載：

中午時分，在南京郊外的演兵場上，駐紮在南京的軍隊排成陣勢，雄赳赳，氣昂昂，旗幡招展。南京兵部尚書喬宇，站在閱兵台上手拿著一面令旗。旗一揮，頓時鼓聲、號角聲從四處響起。叛王朱宸濠被放入整齊的陣勢中，皇帝朱厚照穿戴將軍服，手舞大刀，也來到人陣當中。眾軍齊呼「萬歲！」朱厚照撲向朱宸濠，並輕鬆將其拖倒。事先準備好的士兵們，用繩索將朱宸濠捆綁起來，關進囚車中。喬宇再次揮動令旗，儀式結束。

四天之後，朱厚照率領軍隊離開南京，風風光光地返回北京。用心良苦的王陽明卻因為這道顧全大局的奏疏，遭到了其他正派官員的恥笑和責備。

不給待遇的「新建伯」

正德十六年（一五二一年）三月，明武宗朱厚照因病逝世，他的堂弟朱厚熜（熜ㄗㄨㄥ）繼位，就是後來的明世宗嘉靖皇帝。這個年僅十五歲的小皇帝上位不久就下旨令王陽明赴京。原來，王陽明的大名朱厚熜早有耳聞，他不僅講學天下，還能夠帶兵打仗。因此，對這位傳奇的文人十分感興趣。

再上告捷疏後的王陽明遭受著各處的濁水，新皇帝的這道旨意讓他看到了希望，身上的冤屈終於能夠得到洗刷的機會，就好像一個嶄新的時期就要到來了。這之前，有關平定朱宸濠叛亂一事，朝廷都沒有個交代，甚至任何的撫恤都沒有給予。

六月二十日，王陽明奉特旨上京，去京的路上他還回了趟老家探望久別的父親，可見當時的心情是多麼激動和快意，過去多少年的坎坷和磨難終於要守得雲開見月明。但是，事情往往就是這樣，說變就變，人算遠遠不如天算。當朝的那些和王陽明對立的官員們聽到新皇帝要召王陽明進京的消息後，開始有所擔憂。更何況王陽明的才能與學問確實是無人能及的，他一旦來京城，那定會形成競爭。當時的朝廷新皇帝剛剛繼位，一切都還處於混亂當中。儘管皇帝十分賞識王陽明，畢竟他手中的實權還不夠大，為了穩定局面，只好下旨讓王陽明繼續待在南昌，其他一切事宜再等朝廷消息。

剛到老家的王陽明就接到了皇帝的旨意，滿心的歡喜再一次變成了泡影。到了正德十六年七月二十八日，王陽明接到了南京兵部尚書任命書。但是，有關平叛一事還是沒有任何動靜。直到正德十六年十一月初九，朝廷才終於有了動靜。在平叛亂中有功的人員都受到封賞，王陽明也因此而被封為「新建伯」，但是這個爵位的名稱僅僅是個空號，如果按照當時的規定，新建伯是應該有薪資的，可是王陽明卻沒有得到。

等了整整兩年，最後等到這樣一個結局。王陽明沒有堅守住「外不著相，內不動心」的原則，他向皇帝呈上了一封奏疏——《辭封爵普恩賞以彰國典疏》。奏疏中，王陽明以「承蒙聖恩，才能在短時間內平滅叛亂」、「功在那些衝鋒陷陣的人，而不在己」、「身體每況愈下」、「父親久病在身」等原因懇請朝廷收回授予「新建伯」的成命。

奏疏雖然寫得婉轉，但是不滿的情緒卻也顯現了出來，朝中也無人能駁。最後朝廷又下了一道詔書，封王陽明祖上三輩都為新建伯。這份榮譽在人看來是相當的高，因為明朝自從開國以來，除了跟隨明太祖打天下的功臣之外，獲此殊榮的文臣還只有兩位。不過，這對於王陽明來看其實沒有多大的用處，只是在墓碑上可以多刻一行字而已。

獲封新建伯時，王陽明正好在老家為父親慶祝生日，很多的親朋好友前來祝壽的同時還祝賀王陽明獲此榮譽。父親王華當是瞭解兒子的心情，他冷靜地說：「兒子在外打仗平亂五年，這期間我們父子沒有見過一面，我沒有任何怨言，因為這是他的職責，我只是擔心他的身體。這麼多年，經過大大小小的事情，人人都羨慕我兒的幸運，還有我王家的榮光。但是，所謂福禍相依，我只希望我兒應時刻記住人以為榮，我以為懼也。」

老父親的一席話不僅說服了王陽明，還使得在場的人都嘖嘖稱道。沒過多久，父親王華便逝世，王陽明留在家中為父親守孝三年。

桃李滿天下

王華一去世，朝中的當權者們倒大大鬆了一口氣，守孝三年，就意味著王陽明在這三年內都不會對他們構成威脅，造成

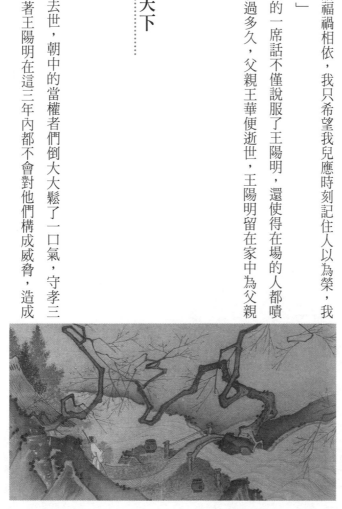

不利。即便如此，當權者們還是繼續彈劾王陽明，甚至包括他的學說，心力交瘁的王陽明終於抵擋不住，臥床病倒。

當然，在家守孝的日子王陽明並不總是病著的，隨著時間反而能夠平靜地化解心中任何的痛楚，逐漸從喪失父親的悲痛中解脫出來，病情漸漸好轉，心情也漸漸明朗。特別是他門下的學生越來越多，事業逐漸以講學為主，他的學說沒有成為偽學，反而被發揚得更加廣遠。

嘉靖二年（一五二三年），又到了每三年舉行一次的科舉會試。這一次最後一場的「策論」題竟然是要求考生對心學作出評論，這道題惹怒了很多參加會試的王陽明的學生。因為，在當時而言，這道題的意圖就是要考生對心學進行評價或者抨擊，是有意掀起對心學說的批判。

王陽明的弟子王珊一見這道題，當場就擲筆離開了考場。人們都說他意氣用事，不應該就這樣而丟掉走入仕途的機會，同樣也可惜了多年來的悉心準備。王珊倒十分坦然，並不因為自己的行為而懊惱，他認為假如要昧著良心批判自己的師門，那還不如一輩子都不當官。人們聽後，連連讚歎。

王陽明另外幾位參加會試的學生雖然沒有當場離去，但是在答卷中卻是理直氣壯地闡釋了心學。令人詫異的是，這幾名學生後來竟然都被錄取了。王陽明的學生錢德洪在這年的會試中落榜，回到浙江後見到王陽明，他並不為自己的落榜而失望，反而是為老師的學說受到如此待遇而憤慨。王陽明聽後反倒說，心學從此之後要白於天下了。錢德洪聽後，很是不解。王陽明解釋道：「我只是跟我的學生講學，自然我的學說只能在學生們之間流傳，天下人不可能皆知。這一次，集聚天下考生的會試竟然以我的學說來命題，不管是批判還是贊同，我的學說大告於天下，這是事實。一次會試，豈不是在宣揚我的學說？」錢德洪聽後，忙點頭稱是。那些本來想扼制心學傳播的人沒想到卻義務地傳播了心學。

嘉靖三年（一五二四年），王陽明待在老家的第二年，受郡守南大吉的邀請，他到稽山書院講學。這一次講學又將心學推向了一個新的高潮。

王陽明在稽山書院講學的消息一傳出，很多無數文人志士都從天南地北趕來。一時間，稽山書院裡人滿為患，人多的時候，一個僧舍裡竟然住有十多個人。沒有多餘的床鋪，大家就輪流睡覺，可見當時來聽王陽明講學的人之多。春去冬來，王陽明在這裡送走了一批又一批的學生，而這些學生每個人都對王陽明的講學讚歎不已，讓他們在黑暗中看到了光明，在糊塗中領悟了清醒。而王陽明也講學的過程中不斷地摸索，為了更好的講學，他讓每個新來的學生都先經過自己得意門生的薰染，略領入門之學後，再親自傳授。

這一年八月十五，王陽明和學生們大擺宴席，共度中秋。大家借酒助興，場面非常熱烈。載歌載舞中，王陽明忘卻了所有的煩擾，這算得上是這麼年來少有的高興。看著這個場景，王陽明深感欣慰，心中興起一種教書育人的滿足感。從他當時所作的一首詩中可以看出：

處處中秋此月明，不知何處亦群英。
須憐絕學經千載，莫負男兒過一生。
影響尚疑朱仲晦，支離羞作鄭康成。
鏗然舍瑟春風裡，點也雖狂得我情。

只是短短的幾句，就能感受到王陽明的喜悅之情。教書育人，修身養性，這是多麼愜意而又高興的事情！

第七章 最後行程——此心光明，千古毀譽隨風散

京中爭論大禮議

王陽明遠離京城，在老家賦閒講學的這段時間，京城卻是鬧得不可開交。前面有講到嘉靖皇帝朱厚熜繼位時雖然年幼，但卻是一個十分有自己思想的人。正德十六年四月二十二日，朱厚熜從安陸藩府到京城，在還未進城的時候，便和朝中的當權者發生了衝突。

由於正德皇帝朱厚照無子嗣，他的母親便下旨命朱厚熜為「嗣君」，是以「兄終弟及」的原則繼位，但是等朱厚熜真正快到北京時，卻要以「皇太子」的禮儀來迎接他進城。禮儀的規模降級了不說，連輩分都發生了變化，本是堂兄弟最後成了子姪。朱厚熜知道後十分不滿，他認為自己不是來當皇太子的，而是繼嗣皇位，於是派人將自己的意思傳達給朝

廷。當時安排禮儀的官員們為此請示大學士楊廷和。楊廷和卻不以為然，堅持要朱厚熜按照早已安排好的禮儀進行，應從皇城的側門東安門進城，進城後暫時住在皇太子讀書的地方文華殿。

朱厚熜見楊廷和堅持要按照皇太子的禮儀來迎接他，乾脆就不進城，並回覆楊廷和如果硬是要按照原來的禮儀不變，他寧願回去做安陸的藩王，也不願意到京城當皇帝。

假若真是這樣，楊廷和也就得不到什麼好處了。因為當時距正德皇帝去世已經有一個多月了，如果再不讓新皇帝繼位，國無君主，是不可想像的。所以，楊廷和趕緊派人去和說，同時還請示皇太后，說明事情的緣由。正當雙方僵持不下時，皇太后下旨新皇帝即刻進城。無奈之下的楊廷和在三番勸和朱厚熜失敗後，只好按照朱厚熜的說法去做。隨後朱厚熜從皇城的正門大明門以新君的身分進入京城。他拜過死去的明武宗，拜過皇太后，接著在皇城的奉天殿登上了皇位。這次的衝突，是朱厚熜和這些權貴們的第一個回合，並且勝利了。

登基之後的朱厚熜很快又和當朝的權貴們陷入到另一場爭論中，這次是圍繞新皇帝生父的尊號等問題，爭論反反覆覆維持了大概三、四年。因為是以爭論「禮」為開端，爭論「權」為結尾，因此這場爭論被稱為「大禮議」。由於席捲了幾乎所有的官員，可以說是明朝政治史上較為重大的事件。

大禮議分為兩派，一派是以楊廷和為代表的當朝權臣們，他們認為只有明武宗的父親孝宗才是皇父，而明世宗朱厚熜的父親應該為皇叔父。另一派是朱厚熜及支持他的臣子們，他們則認為皇父應該是明世宗朱厚熜的父親，而明武宗的父親應該是皇伯父。這兩派從表面上看是為了朱厚熜父親的稱呼等問題展開的，但是實際上卻是兩種學派的爭論，即理學和心學。

稱武宗父親為皇父的一派是受到程頤學說的影響，而稱世宗父親為皇父一派是受到心學的影響，認為只有這樣才是合乎人情的。

王陽明曾強調禮樂制度的根本就在於合不合乎人情。這個觀點在弘治十七年，王陽明主持山東省鄉試時為議「國朝禮樂之制」的測試題給出的答案就可以看出。這篇答案中王陽明反覆強調的是合乎人情才是禮樂的根本，既然明世宗當上了皇帝，那麼他的父親理所當然就是皇父，這是符合人情的。但是楊廷和為首的朝臣們則認為明武宗的父親才是皇父，明世宗繼嗣武宗的皇位，自然便要和自己的親生父親割斷關係。所以說，這是理學與心學之間的鬥爭，也足以可見王陽明的心學在當時已經產生了深遠的影響。

晚年喜得子

嘉靖四年正月，王陽明的妻子諸氏去世。王陽明的學生錢德洪在《陽明年譜》中記載：「嘉靖四年正月，夫人諸氏卒；四月，附葬於徐山。」學生門人黃綰也在《陽明行狀》中寫道：「配諸氏，參議養和公諱某女，不育。」

王陽明和妻子諸氏結婚後一直沒得生產，在他四十四歲的時候，便把堂弟王守信八歲的兒子過繼為自己的兒子，取名為正憲。雖不是親生，但是王陽明對這個養子一直都很好，即便是戎馬倥傯，長年在外之際，也常常拜託自己的學生教導正憲。

妻子諸氏死後，繼娶張氏。嘉靖五年十二月十二日，也就是王陽明五十五歲時，張氏為其生下了一個兒子。晚年得子的王陽明非常歡喜，為兒子取名為正聰，希望他能夠聰明睿智。王家在老家算得上是名門望族，晚年得子這樣的大喜之事，當然得到當地很多人各種形式的祝賀。王府上下也是一片喜慶歡騰。得意之餘，王陽明還不忘賦詩以表自己的歡心：

海鶴精神老益強，晚途詩價重圭璋。
洗兒惠兆金錢貴，爛目光呈奎並祥。

何物敢云繩祖武，他年只好共爺長。
偶逢燈事開湯餅，庭樹春風轉歲陽。
自分秋禾後吐芒，敢云琢玉晚圭璋。
漫憑先德餘家慶，豈是生申降嶽祥。
攜抱且堪娛老況，長成或可望書香。
不辭歲歲臨湯餅，還見吾家第幾郎？

不只是王陽明喜出望外，他的弟子們也都個個高興不已。由於王陽明和原配諸氏常年不育，便落得一些閒言碎語，說王陽明不是真正的男子。晚年得子，便洗刷了多年來在此問題上的攻擊。

正聰此時的出生對王陽明來說是非常重要的。因為兒子出生後的第二年王陽明便赴命出征廣西，並死在了回家的途中。不過，有人歡喜也會有人愁。之前備受寵愛的正憲在弟弟正聰出生後感覺到了失落，他的親生父母也為此起了擔憂。當王陽明一去世，有關財產和官襲的問題便起了爭執。

王陽明生前對於家中的這種矛盾早有所知，所以臨死前十分擔憂張氏和正聰孤兒寡母的難以立足，於是委託自己的學生為其家產進行分家，並且照看兒子正聰，為此他的學生們還專門成立了一個機構來處理這些問題。王陽明屍骨未寒，家中事務還未處理好，朝中對王陽明的誣陷之風又起，朝廷下旨禁止傳播心學，並稱此為偽學，停止爵位的世襲和撫恤的典禮等。一時間，四方的挑釁四起，王陽明的學生只好把他的兩個兒子帶出家鄉。正聰被送到了南京投靠黃綰，黃綰還將自己的女兒許配給他。在往南京的路上，竟然還有一群惡少跟隨他們。據錢德洪《陽明年譜》記載：「其家鄉惡少遂相煽，欲以魚肉其子弟。胤子正億方四齡，與繼子正憲離仳竄逐，蕩析厥居。」後來為了和當朝的宰相避諱名稱上的衝突，黃綰將正聰改名為正億。至此，王陽明的遺孤算是真正有了著落，安了身。

關於王陽明的家產問題他的學生在很多地方都對此有記載。到了隆慶年間的時候，王陽明的學說得以平反，大放異彩。關於新建伯這個伯爵爺稱謂的爭奪，最後以正億襲得新建伯爵位終止。

做人要有良心

「致良知」的觀點，人們認為這是王陽明晚年所悟出和時常放在嘴邊的。王陽明自己也說，在他一生的講學當中，「致良知」是最重要的。不過，後來根據他的學生說，王陽明在一開始時是說「致良知」，但是到了後來只說「良知」。

不管是先前王陽明所講的「去人欲而存天理」、「知行合一」，還是後來提出的「致良知」、「良知」這些都是王陽明在不同的階段對自己的學說進行的總結。從這個過程中可以看出王陽明心學體系不斷完善，晚年王陽明越來越只講「良知」，到了這個時候，王陽明可以說是真正的建立了心學。

什麼是良知呢？王陽明認為，在我們每一個人的心中都有一個對善惡的區分，而這個區分就是良知。多年來百死千難的經歷最終讓王陽明悟出了聖人的根本，他強調良知是每個人生來就具有的，且是永遠存在的，不需要透過後天的學習，所以說良知就是我們的本心，也是我們為人的根本。關於說良知的詩，王陽明也寫過不少。

良知即是獨知時，此知之外更無知。
誰人不有良知在，知得良知卻是誰？
知得良知卻是誰？自家痛癢自家知。
若將痛癢從人間，痛癢何須更問為？

《答人問良知二首》

綿綿聖學已千年，兩字良知是口傳。

欲識渾淪無斧鑿，須從規矩出方圓。
不離日用常行內，直造先天未畫前。
握手臨歧更何語？殷勤莫愧別離筵。

《別諸生》

爾身各各自天真，不用求人更問人。
但致良知成德業，謾從故紙費精神。
乾坤是易原非畫，心性何形得有塵？
莫道先生學禪語，此言端的為君陳。

《示諸生三首》之一

良知作為人存在的根本，它是生命的本源，是存在於人心靈當中的天地萬物的綱。放在現實生活中來說，我們每做的任何一件事情都是要遵循自己內心的良知，不過這個付諸實踐的過程總是會受到外界事物的打擾，人的五官四肢是無時無刻不在和外物打交道的，假如被這些外物所引誘，只管滿足和追逐欲望，那麼本質就會被掩蓋，人的生活就偏離了良知這個根本，人也不能稱作是一個完成的人。這就講到一個「致良知」的問題。王陽明認為良知是本體，致良知是工夫。這個工夫不僅要求自覺地去意識良知作為本體的存在，還要將良知在生活當中表達出來，回歸到良知本身，返回本心。沒有了私心雜念，自然就能夠區分什麼是善，什麼是惡，什麼是對，什麼是錯，生活會變得美好，生命也會因此而煥發華彩。

因為良知是根本，致良知和知行合一一樣是屬於方法，所以大約從嘉靖三、四年開始，王陽明對弟子們講學已不經常說「致良知」，而只是強調「良知」。先聖的經典《六經》，也曾說「良知」二字是聖學的精髓。

良知的學說提出來以後，王陽明講知行合一，這個知不僅僅是指知識學問了，更是指良知。所以王陽明經常講「心外無物」這樣的話，在他看來，事物都是客觀存在的，是可以脫離人的心而存在的。

王陽明說良知，是突破了宋儒思想的束縛，完全是另一種新的風格。透過講學，王陽明的思想和學說被廣而告之，就好像一場新興的革命，解放了當時的思想。而王陽明自己也是沉浸在這種遠離朝野、講學的快樂當中。這段賦閒在家的日子被他認為是最為幸福的階段。

天泉證道

嘉靖六年（一五二七年）六月，王陽明安閒的講學生活再一次被打斷。朝廷派使者到王陽明的老家傳朝廷的詔旨，任命他為南京兵部尚書總制軍務，即刻趕往廣西解決當地的居民和明朝政府長期存在的一些矛盾。

接到詔旨的王陽明並沒有立刻啟程，而是上疏朝廷，以身體不適恐不能勝任為由請求皇上收回成命。病痛之身是實話，再加上當時的王陽明剛剛得子，講學的事業也達到鼎盛時期，正是享受天倫之樂時，所以，他不再想像從前那樣為皇帝衝鋒陷陣，過整日忙碌奔命的生活。廣西的矛盾遲遲未得到解決，王陽明可以說是最佳的人選，所以朝廷並沒有同意他的請求。而是緊接著下了第二道詔旨。為了怕起衝突，朝廷還讓原兩廣巡撫姚鏌提前退休，任王陽明為南京兵部尚書兼都察院左都御史，提督兩廣、湖廣、江西四省軍務。隨後又讓他任兩廣巡撫。王陽明見朝廷並沒有理會他的請求，甚至還為了他弄出了這麼大的動靜，因為在當時的明朝，欽差大臣做到他這種份上，地位和權力都應該算是最大的了，所以也就不好再推辭，決定再次披上戎裝。

家中最不捨的當然是剛剛出生的小兒，王陽明安排好家中一切事宜後準備次日踏上前往兩廣的道路。因為他講學的學院沒有什麼好讓他擔憂的，當時前來聽王陽明講學的弟子非常多，稽山書院都已經滿足不了前來聽講學的人。到了嘉靖四年十月的時候，王陽明的弟子們建立了陽明書院，選址紹興城西門內。除此之外每月還定期在餘姚的龍泉寺聚會講學，當然，講學的人已經不再是王陽明一個人，他的得意門生們也都開始講學，教授新來的學生。如何廷仁、黃弘綱、王艮（ㄍㄣˋ）、薛侃、歐陽德、鄒守益、陸澄等人。所以有這些人在，講學的事業還是可以繼續下去，他就沒有什麼需要操心的。雖然不知道王陽明此去兩廣要離開多久，但是他的弟子們對於他的這次復出還是非常高興的。

這天接待完訪客已是夜深，王陽明正準備睡覺，卻聽聞學生王畿和錢德洪前來拜訪，他有些奇怪。仔細一問才明白，原來兩人在王陽明的四句教言上產生了分歧。王畿和錢德洪都是王陽明在紹興講學時收的弟子，兩人入門的時間雖然不長，但是機靈聰敏的王畿和穩重踏實的錢德洪都很受王陽明的器重，在王門也有很高的地位。可能是由於不同的性格稟賦，兩人對王陽明的訓言帶有不同的理解。

嘉靖六年九月初七日，也就是王陽明正準備出發的前夜，錢德洪和王畿兩人一起討論為學的宗旨。

王畿認為這不一定是始終堅持不變的法則。錢德洪十分堅信王門的學說，也是堅決的恪守者。

兩人各有各的道理，誰也不肯屈服誰，最後只好一起來見王陽明，探個對錯。清楚了事情的始末之後，王陽明甚是開心，他早就希望自己的學生能夠對這些所謂的教言提出自己的看法。

於是，帶著兩人一塊來到自己住宅附近的天泉橋上。王陽明並沒有肯定維護自己學說的錢德洪，而是笑著說兩人的看法其實是相輔相成的，沒有誰對誰錯。他以為，人的心本來就是清澈透明的，在他的學生中，有一部分能夠領悟到心就是本體，有一部分人卻認為由於外界所蒙受的太多，應該掃除掉這些，才能夠領悟到本體。

錢德洪和王畿正好是這兩部分人的代表。王畿應該注意錢德洪所說的為善去惡的工夫，錢德洪則應該明白王畿所說的本體。四句教言本來就是一體的，不能夠分割。

兩人聽了王陽明的話後，都大感收穫。不過兩人卻依舊懷著自己的認知和想法，本想待以後有機會再聚時切磋，沒有想到，此次和王陽明的道別卻成了永訣。這兩人之後再對心學的理解上仍舊有著區別，所以導致後來心學出現了分化。

立馬橫刀平亂

此去廣西，王陽明是受命處理思恩和田州的事務，這兩個地方都是廣西的土司，屬於同一個族，知府都姓岑。洪武二年（一三六九年）朝廷設立田州府，並任命岑伯顏為知府，官位世襲。傳了三代後到岑溥，他有岑猇和岑猛兩個兒子。弘治十二年（一四九九年）長子岑猇覺得父親偏心於弟弟岑猛，於是就殺了父親岑溥。岑溥有黃驥和李蠻兩個土目，為了報仇就又將岑猇殺了，剩下年僅四歲的岑猛。但是沒過不久，這兩個土目發生了內訌，兩人反目成仇。黃驥帶著岑猛去南寧，李蠻則佔據了田州。

一場私人的恩怨演變成了兵變，為此南寧督府特意派思恩的知府岑浚護送岑猛回田州，但是遭到了李蠻的拒絕。不得已，黃驥又帶著岑猛去了思恩。為了打田州的主意，到了思恩之後黃驥將自己的獻給岑浚，還和他秘密謀劃要瓜分田州，於是岑猛被軟禁了起來。朝廷知道這件事情後，要求岑浚釋放岑猛，岑浚不依。最後朝廷只能派兵征討，迫不得已，岑浚才放了岑猛。但是這並沒有阻止黃驥和岑浚兩人的陰謀。

弘治十五年（一五〇二年），兩人再次聯手，並拉攏其他的土司共同向田州發兵，並且成功攻破，岑濬佔領田州後，岑猛逃亡。弘治十八年（一五〇五年），朝廷向岑濬發兵，岑濬被殺。鑑於土司制度帶來的矛盾，朝廷決定撤銷了思恩世襲的土司建置，改為「流官」制，也就是所謂的「改土歸流」。同時田州也被思恩兼管，岑猛則被安排到福建平海衛千戶任職。朝廷的這個做法是為了減輕自身的麻煩，但是岑猛對此卻有所不滿。世襲土司的制度取消了不說自己的職位還降低了，於是他想盡辦法恢復田州知府的職位，甚至還曾賄賂劉瑾，但是都沒有成功。不過岑猛沒有放棄，他竭盡全力經營著田州的事宜，勢力自然變得強大起來。到了正德年間，由於岑猛協助剿滅江西寇匪立了功，朝廷升岑猛為「田州府指揮同知」但是仍舊沒有恢復他田州知府的舊職。嘉靖二年（一五二三年），岑猛為了恢復舊有的田州版圖，對泗城發起了攻打。這次起兵被朝廷認為是謀反，於是派兵討伐岑猛。對於朝廷的攻打，岑猛並沒有給予反擊，因為在他看來並沒有謀反的心，只是要回本來屬於自己管轄範圍的領土而已。他訴說冤情的同時逃到了親家歸順州（今廣西靖西縣）岑璋家中，但是萬萬沒有想到，為了討好朝廷，岑璋毒死了岑猛，還將他的首級獻給了朝廷。至此，田州的土司建置被徹底撤銷，改為「流官知府」。

岑猛死亡的消息並沒有被傳開去，嘉靖六年（一五二七年）五月，思恩土目王受和田州土目盧蘇打著岑猛的旗號召集了上萬名鄉兵起兵準備要恢復兩地的土司建置。都御史姚鏌也對此進行了大規模的征剿，但是卻失敗了。到此，事態越來越嚴重，這時才有人推薦曾經平定宸濠叛亂的王陽明，讓他處理思恩、田州事務，這就是整個事件的緣由。

嘉靖六年九月初八（一五二七年十月二日），王陽明踏上了前往廣西的征途。到達梧州時，對於整個事情的來龍去脈王陽明已經弄出了個清晰的頭緒。他認為這次的作亂用武力來征剿只會更加的尖銳矛盾，岑猛既然已經被殺，相當於帶頭的人沒有了，那麼只需要好好的安撫背後裡鬧事的百姓就可以，而不是用武力解決。不過既然已經出動了武力，就應該速戰速決，而不是一拖再拖，浪費人力物力。所以，王陽明在嘉靖六年十二月上疏朝廷建議以撫代剿，土司和流官制度並用。

王陽明的奏疏上報到朝廷後，引來了不同的爭議。好在王陽明事先和當時的大學士楊一清還有學生黃綰打好了招呼，有他們在朝中說話，事情就好辦了很多。所以，最後王陽明的奏疏得以通過。

有了朝廷的批准，王陽明便放開手來辦事了。在和原兩廣巡撫姚鏌做完交接之後，王陽明第一件事情就是解散了之前為了征剿而從各地調來的數萬軍隊，只保留了從湖廣、保靖這兩個土司調來的鄉兵。

再說盧蘇、王受二人，起兵本來就是迫不得已的事情，之前聽說朝廷派王陽明來廣西，兩人就已經十分緊張。但是當看到這位平定宸濠之亂的大人物真正來到廣西之後竟然是要進行招撫，大緩一口氣。並於嘉靖七年（一五二八年）的正月派手下頭目向王陽明要表示願意受撫。因為起兵鬧事畢竟是違規的事情，而且擾亂了地方上的安寧。所以王陽明要盧蘇和王受擔起責任，主動認罪。這天，兩人進城後，王陽明命人捆綁了盧蘇和王受，對他們施以杖刑，隨後釋放。出乎兩人的意料，幾年來的混亂，竟然受一頓打就算是承擔了所有的責任，所以兩人都沒有任何怨言，欣然接受。

王陽明讓盧蘇、王受解散他們的軍隊，且各自回到自己的居住地，繼續從事正常的生產。二月初二，王陽明上疏《奏報田州、思恩平復疏》，將整個招撫的經過進行了詳細的闡述。這個歷時三年之久，且調動四省之兵的叛亂，卻被王陽明輕而易舉且未動用一兵一卒就解決了，奏疏一到朝廷，就震動了整個朝野。

王陽明說：「破山中賊易，破心中賊難。」思恩和田州事件，王陽明處處站在民眾的立場，處處為他們著想。只有這樣，破了心中的賊，才能達到招撫的目的，破山中的賊。沒過多久，朝廷的批文下來了，田州府設流官知府，另外也設土官，由岑猛的兒子領事。另外還設有土官巡檢司，由盧蘇、王受等人任職。土官和流官相互約制，田州府改名為田寧府。

成功解決了思恩、田州的事情之後，王陽明再次向朝廷覆命，準備回到老家，繼續他的講學生涯。但是時任總督兩廣軍務，兩廣巡撫的王陽明發現，當時的廣西有幾股不安分的力量在影響著朝廷的穩定。為了維護秩序，履行自己的指責，他只好留下來繼續進行清理。

襲破斷藤峽、八寨

當王陽明集中精力在解決田州、思恩事件的時候，廣西的斷藤峽和八寨等地又興起了武裝鬥爭，而且越來越嚴重，不僅影響了當地百姓的正常生活，也影響著朝廷對當地的管理。

斷藤峽位於今廣西桂平市境內，是屬於黔江下游的一條峽谷。在明朝時期，居住在斷藤峽周邊的多為壯族、瑤族等少數民族。八寨是指瑤族的村寨，大多數位於今天廣西壯族自治區永福縣境內，在斷藤峽以北。

斷藤峽和八寨地區地形複雜，高山峻嶺，對外的交通十分不便，但是這一大片區域又正好位於廣西的腹地。從唐宋以來，斷藤峽和八寨與田州，思恩一樣實行土司土官制度。但是隨著改土歸流政策的傳入，其內部的階級矛盾加劇，和朝廷的矛盾也愈來愈激烈。

明朝從建立之初時，朝廷就開始對這一帶用兵，企圖壓制不安分的武裝勢力。但是屢壓屢起，到了嘉靖五年，朝廷將注意力放在田州和思恩時，斷藤峽和八寨等地的武裝活動大肆興起。

王陽明處理完田州、思恩的事情後，便投身到平定斷藤峽、八寨等瑤民的鬧事中來。當初招撫盧蘇和王受時，兩人為了感謝王陽明，曾經說只要朝廷有需要，便會義無反顧地聽從調動。所以，日後圍剿八寨等地的主力軍隊就是盧蘇和王受的軍隊。

在進行圍剿前，王陽明事先就對當地的實際情況進行了調查和瞭解。隨後，王陽明指揮軍隊對斷藤峽來了一場突襲，當時的王陽明人還在南寧遣散湖廣的士兵，實際上這群被遣散的士兵是在向桂平進軍，沒有人注意到這一點，所以斷藤峽的瑤民被攻了個措手不及。緊接著按照早就安排好的，先是對磨刀、六寺、牛腸三個大寨進行攻擊；接著又攻擊了花相和仙台兩個大寨。攻打的過程中，王陽明反覆強調軍事紀律，謹記此次行動的目的是安民定亂，不能夠無事生非。整個戰鬥雖然沒有預想中的好，但是也還算順利，到最後基本上肅清了敵人，結束了斷藤峽之戰。

對於八寨的戰役，在王陽明看來，其實同屬一場戰爭。有了斷藤峽之戰的教訓，八寨各處都生怕王陽明也來個突然襲擊，就處處做好防範的準備。考慮到對地形的熟悉，王陽明重用盧蘇和王受的軍隊，這次的行軍又是秘密行事。四月二十二日夜，部隊連夜悄悄地前進。第二天早晨，已經準備好的各路軍隊開始對八寨進攻。儘管八寨做好了防備，但突擊還是起了效果，在各路軍的勇猛進軍下，各個山寨都紛紛被拿下。六月中旬，八寨戰役基本結束。

令朝廷頭痛了多年的斷藤峽及八寨的鬧事，王陽明僅用了一個多月的時間就平滅了，這出乎了所有人的意料。當王陽明的《八寨斷藤峽捷音疏》上報到朝廷的時候，朝野上下個個都驚歎不已，再加上王陽明並沒有向朝廷多要一個兵，多要一份軍餉。嘉靖皇帝甚至親自寫手詔問內閣王陽明是否誇大其詞，得知真實情況之後皇帝終於知道了王陽明的才幹，以及他所立的功業，他所經歷的勞苦。

九月，朝廷對王陽明進行嘉獎。但是，除了表面上的獎勵，和為招撫一事作出承諾之外，卻再沒有下文，王陽明關於招撫的很多建議也沒有得到真正的實施。經過了這次戰爭，王陽明的身體本來就很虛弱，再加上來到廣西，水土不服，氣候不適，身體更是一天不如一天。本以為結束了這場戰爭還能夠繼續回去享受他的天倫之樂，沒有想到，這竟然成為他人生中最後的一場戰役，他那不懈最求聖人的理想歷程也即將走到盡頭。

最後一程

嘉靖七年（一五二八年）十月，王陽明的病情出現了惡化，除了咳嗽越來越嚴重之外，吃飯都成了問題，每天只能勉強地喝點粥。其實早在九月初八，朝廷派馮恩前來嘉獎王陽明時，他就已經臥病在床了。

馮恩是嘉靖五年的新進士。他十分推崇心學，這次到廣西作為朝廷的使節他感到十分興奮，因為可以一睹心學創始人的風采。所以，在宣完朝廷的旨意後，馮恩便拜王陽明為老師，成為了王門子弟，也是王陽明的關門弟子。

對自己的身體狀況心知肚明的王陽明此刻只想趕快返回老家。十月，王陽明從廣西橫州返回南寧時，船隊經過一片沙灘，王陽明問這是什麼地方。船夫說這裡是「烏蠻灘」，又叫伏波廟前灘，因為岸上有伏波將軍廟。王陽明一聽趕緊命船夫靠岸，拖著沉重的病軀，拜謁伏波將軍廟。四十多年前，年僅十幾歲的王陽明獨自考察居庸關返回京城時，曾經做過一個夢，夢中的自己就是拜謁伏波將軍馬援的廟，在夢中他還題過一首詩，詩中的每一個字現在都還歷歷在目：「卷甲歸來馬伏波，早年兵法鬢毛皤……」沒有想到有生之年還真的有機會路過伏波將軍馬援廟，更加驚訝的是，廟中的情景竟然和四十多年前在夢中所出現的一樣。人生有多少事情，會這樣的巧合，難以捉摸。

出了伏波廟，王陽明回到船上，繼續趕路。到達南寧後，王陽明立刻上疏朝廷，陳述了自己的身體狀況，希望皇帝允許他回家養病，並且安排人來接替他的職位。朝廷的批覆遲遲沒有到，王陽明卻不知道自己寫的奏疏竟然被那些意圖詆毀他的小人們扣押，病情越來越嚴重的王陽明不能再等下去了，他安排好手中的一切公務之後，便離開了南寧，返回家鄉，他準備邊走邊等待這遲來的批覆。

東返的途中王陽明還抱病去了一趟廣州增城祭祀自己的先祖王綱。

王綱於元末明初時在浙東一帶很有名氣，他很有文學修養，而且有過人的見識。經友人的推薦受到明太祖的器重，先是讓他做兵部郎中，後來升為廣東參議，之後又往潮州安撫百姓。沒有動用一兵一卒，王綱只是乘著一隻小船，尋訪故老，親自安撫潮民，潮州在幾年內竟然都太平無事。王綱返回的途中經過增城，卻被一群海盜殺害。為了紀念王綱，明朝政府在他遇害的地方為其建立廟以供祭祀。一百多年之後，王綱的後代王陽明又來到了這裡，並且任兩廣巡撫，增城的百姓為了表示對王陽明的忠心，不僅修繕了王綱的廟，還邀請王陽明到增城祭祀。來到增城，不僅祭拜了祖先，還順便去了趟摯友湛若水的家中。

王陽明和湛若水相識於弘治十八年（一五〇五年），兩人一見如故，雖然二十多年過去了，兩人在學術的觀點上產生了分歧，但是友誼仍舊還在，而且是終生難忘的。只可惜，王陽明前來拜訪湛若水的時候，他正好不在家，王陽明隨即告辭，留下了生平最後的兩首詩：

我聞甘泉居，近連菊坡麓。
十年勞夢思，今來快心目。
徘徊欲移家，山南尚堪屋。
渴飲甘泉泉，饑餐菊坡菊。
行看羅浮雲，此心聊復足。

（《題甘泉居》）

我祖死國事，肇禋（肇禋ㄧㄣ：開始祭祀）在增城。

荒祠幸新復，適來奉初蒸。
亦有兄弟好，念言思一尋。
蒼蒼兼葭色，宛隔環瀛深。
入門散圖史，想見抱膝吟。
賢郎敬父執，童僕意相親。
病軀不遑宿，留詩慰殷勤。
落落千百載，人生幾知音？
道通著形跡，期無負初心。

（《書泉翁壁》）——《王陽明評傳》

此心光明，何復其言

在廣州逗留了數日之後，王陽明的身體已經是極度虛弱，他的病情再次加重。但是朝廷的批覆以及那位要來接替他官職的新任兩廣巡撫依舊沒有蹤影。迫不得已，王陽明只好繼續往東行。他始終堅持地以為批覆正在路上，而新任巡撫再過幾個時辰或許再過幾天就能夠到了。

由於王陽明寫的奏疏被扣留，朝廷對於他的病情還有他此刻焦急的心根本就無從知曉。從嘉靖七年十月初十，王陽明寫奏疏開始，已經整整過去了一個月，仍然沒有半點消息。當初王陽明在《乞恩暫容回籍就醫養病疏》中寫道「今已輿至南寧，移臥舟次，將遂自梧道廣，待命於韶、雄之間」，而在九月二十日的《獎勵賞賚（賚：贈送）謝恩疏》中王陽明寫：「本年九月初八日，該行人馮恩賫捧敕書並前項彩幣銀兩等項到，於廣州府地方奉迎入城，當除望闕謝恩、欽遵收領外，臣時臥病床褥，已餘一月，扶疾興伏，感激惶懼，顛頓昏眩，莫知攸措。」所以，按照這個推測，王陽明十月十日不可能在南寧。為此，想要詆毀王陽明的人找到了把柄，要求對王陽明的奏疏進行真偽的核實。

病情再也拖不起的王陽明只好繼續東行，十一月中，王陽明在學生時任廣東布政使的王大用的護送下翻越大庾嶺，進入到江西省境內，隨後又順水而下，於十一月二十五日到達南安，隨後前往南安府。在這裡，王陽明的學生周積早已備好船在等待。這個時候的王陽明已經進入了病危的狀態。

從南寧出發，王陽明歸鄉的心就非常急迫，也是因為心中的這股信念，才讓他一直支撐著。翻山涉水，終於到了江西的南安。對於這片土地，王陽明再為熟悉不過了，他曾經在這裡戰鬥、在這裡體悟聖人的智慧，在這裡感受山水。江西對於王陽明而言，可以算是第二故鄉，所以當他到了這裡的時候，心中總算有了一種踏實的感覺，有了一種回歸故土的感覺。

雖然早在王陽明離開廣州之時，他的學生們看到他逐漸嚴重的病情，就已經做好老師要離去的準備，並且還準備好了製作棺材的木頭。周積看著瘦骨嶙峋、咳嗽不斷的王陽明，心中十分難受。王陽明問周積近來如何，周積如實地彙報了自己的工作之後，又關切地問老師的身體狀況。王陽明知道自己的氣數已盡，簡單地講了幾句後，又和周積談論起學問。

嘉靖七年十一月二十九日，王陽明的精神比起前日要好些，於是召集自己的學生來到床前，學生們的心情感覺到異樣的沉重。王陽明睜開了緊閉的雙眼，微微動了動嘴角。周積俯下身子輕聲問老師是否有什麼話要說，王陽明看著弟子，微微笑了笑，說：「此心光明，亦復何言？」說完，王陽明的雙目緊閉，離開了人世。留下床前學生匍匐哀號。

最終王陽明都沒有等到朝廷的批覆，不過他是帶著一顆坦蕩無私且寬大的心離去。

千古毀譽，聽其自然

王陽明去世的消息傳到了京城，這位生前飽受小人誣陷和攻擊的人在死後依舊逃離不了厄運。前面已經提及過王陽明於嘉靖七年十月初上疏朝廷請求回老家養病。但是奏疏卻被扣留，而扣留奏疏的正是吏部尚書桂萼。王陽明平時不巴結奉承，不冷不熱的態度在桂萼看來是十分清高而又自以為是，所以桂萼很難容忍他。王陽明一去世，桂萼抓住之前奏疏的漏洞，彈劾王陽明，說他「擅離職守、蔑視朝廷」。為此還慫恿皇帝召開專門的會議處置王陽明以及他的學說。桂萼污蔑王陽明的學說背離朱熹等聖人的學說，自高自大。

明世宗嘉靖皇帝聽信讒言，不僅剝奪了王陽明「新建伯」的爵號，不准世襲。還完完全全地否定了心學，稱之為「偽學」、「邪說」。這邊朝廷打壓著已經死去的王陽明，那邊凡是王陽明曾所居之處，如南安、贛州、吉安、南昌等地群眾百姓沒有不頂香祭拜，到處哭聲震地，聽聞死訊的王陽明的學生們也都從各地趕往江西。嘉靖八年二月四日，王陽明的靈柩抵達紹興。

一直到十一月十一日王陽明落葬，每天前來祭奠、憑弔的人絡繹不絕。生於古越的王陽明最終又回歸到古越。在親朋好友的注視下，最終入土為安。

嘉靖四十五年（一五六六年）十二月，嘉靖皇帝去世了，一五六七年，他的兒子繼位，即隆慶皇帝。至此，王陽明生前所受的各種毀譽才終於得以昭雪。在這期間，王陽明的學生不間斷地為老師申冤平反。其中王陽明的學生黃綰更是上疏朝廷，不僅陳述王陽明生前的事功，還綜述了他的學說：

是守仁之學，弗詭於聖，弗畔於道，乃孔門之正傳也，可以終廢其學乎？然以（桂）萼之非守仁，遂致陛下失此良弼，使守仁不獲致君堯、舜，誰之過與？臣不敢以此為（桂）萼是也。況賞罰者，御世之權。以守仁之功德，勞於王事，乃常典不及，削罰有加，廢褒忠之典，倡黨錮之禁，非所以輔明主也。守仁客死，妻子孱弱，家童載骨，藁埋空山，鬼神有知，當為惻然。（《年譜三》）

由於黃綰曾在大禮議之爭中有功，皇帝並沒有和他計較，奏疏也就不了了之。

為了流傳王陽明的學說，他的弟子薛侃、劉侯等人，於嘉靖九年五月在杭州城南十里的天真山建了一座書院，特意

宣傳心學。王門子弟也經常不顧及朝廷的禁止，聚集在一塊相互激勵，探討心學。而學生們撰寫的《陽明年譜》、《陽明文錄》，以及《朱子晚年定論》、《山東甲子鄉試錄》等文稿也一再印行。特別是後來王艮發展出了一個泰州學派，更是發揚了心學。對此，嘉靖皇帝也只能睜一隻眼閉一隻眼。

隆慶皇帝一上位，便開始對先帝早前積累的弊病進行革除。隆慶元年（一五六七年）五月，王陽明的學生們聯名上疏，為他平反。最後，皇帝下了一篇文告，對王陽明的事功、學說一一進行了肯定。

到萬曆十二年（一五八四年），王陽明的牌位被搬進了孔廟，稱為「先儒王子」，成為明代又一位大儒。從古至今對於心學的評價褒貶不一。但是回顧王陽明的一生，從他那曲折的經歷中能夠感受到他坦蕩的胸懷、高尚的人格，還有滿腹的真才實學。是一位真真正正能夠安民立政的大儒。他留給後世的並未在時間的長河中消逝，反而越來越清澈，越來越深刻。

第八章 「心學」影響——傳薪有人，經久不衰

心學的流傳

在明朝的歷史中，王陽明是一個非常重要的人物，他是著名的哲學家、詩人、軍事家、文學家、教育家和政治家，是「心學」的重要代表人物。可以這樣說，假若離開王陽明來談明朝的歷史，那將會是一部不完整的歷史。

王陽明是中華歷史中一顆罕見的巨星，他自幼習文，精讀史書，十一歲便能作詩；十二歲時立志要「讀書做聖人」，而不是讀書登第做狀元；十五歲，獨自出塞外練習射箭、騎馬，並且考察軍勢；十七歲，在結婚之夜不見了蹤影；二十八歲舉進士；三十四歲因仗義抗旨，惹怒了宦官劉瑾被關進牢獄，隨後發配到貴州龍場做驛丞，卻在此荒僻之地悟出了

聖人之道；三年之後，調往江西廬陵任知縣。此後，他一介書生卻指揮作戰，屢戰屢勝。先後任官，至南京兵部尚書，被封新建伯。期間，還平定王室內部的叛亂，活捉軍事政變的頭目——寧王朱宸濠。

除了建立事功之外，王陽明還精通儒釋道三家之說最後創立心學，把中國古代的哲學推上了一個新的高峰。他提出「致良知」、「知行合一」等思想，廣收門徒，傳道講學，其影響深遠而廣泛，不僅被後世人稱為「立德」、「立功」、「立言」的「真三不朽」。還被日本、東南亞等國推崇。如：日本大將東鄉平八郎在擊敗俄國海軍後亮出一個腰牌上刻：「一生俯首拜陽明」，「陽明」就是王陽明。後世研究王陽明形成了一種專門的學問——「心學」。

王陽明被世人稱為「百世之師」，他的「心學」主張包涵了哲學、經濟、政治、教育、文化等各方面的內容，學術思想精深，內容極其豐富。

在明代學界，王陽明的心學掀起了洶湧大波，形成了波瀾壯闊的主流思想。「龍場悟道」是王陽明心學的起點，這為心學的發展奠定了基礎。

之後心學構建起了「心即理」、「知行合一」、「致良知」的基本理論框架。心學在繼承了孔孟學派的「良知」、「盡心」以及陸九淵的「心即理」等學說的基礎上，批判地吸收了朱熹先驗範疇的「理」為本體學說。如果不經過這樣的「大徹大悟」，恐怕心學很難達到爐火純青的境界。

從思想史的發展軌跡看，心學可以說是儒學的自我革新，也是儒學的最後一個高峰。在世界觀上，王陽明堅持「理」主宰主體「心」的理念論，建立起了以「心」為本，以「心即理」為第一原理的心性主體論。他提出「知行合一」，認為知與行不僅是一種言說，而且應是言說的當下行為現身。心學對良知所做的先驗道德本體的構想，發展了孔孟的學說。王陽明說：「致良知是學問大頭腦，是聖人教人第一義」，致了「良知」便是「盡心知性」，就成了聖人。此外，王陽明提倡聖凡平等觀，認為聖人與凡人一樣，並不是什麼都知道並能做到的，只是他們能夠發現自己的良知。因此，在他看來，聖人和凡人只有一點差別，在於能不能發現自己內心的良知。

心學的流傳使得很多人都遠道而來，前去求學。因此有人說：「守仁弟子盈天下，其有傳者不覆載」。王學流傳後世主要是泰州和龍溪兩個學派。泰州指的是王艮及其學派，龍溪指的是王畿及其學派。

王艮是心學最重要的代表人物，也是泰州學派的創始人。王艮的思想以陽明心學為源，卻又不囿於此。他的學識博大淵深、包涵很廣，在哲學、倫理、社會政治以及教育、文化等方面，都有豐富翔實的論述，構成了泰州學派的基本思想和基本特色。王艮的「百姓日用之學」，「百姓日用之道」，是他思想的閃光點和泰州學派思想的主旨。他把「天理」稱作「天然自有之理」，事實上是等於「認欲為理」，把人的生理需求和物質欲望看作是「天理」的一部分。王艮把「天然自有之理」稱作「天理良知」。他所提倡的「格物說」，構成他講學傳道的思想基礎。王艮說道：「身是本，天下國家是末」，「格物」必先「正己」，「本治而末治，正己而物正」。王艮的這番話，明白地指出「正人必先正己」。

獨領一代思想的領袖風騷、佔中國哲學史一席之地的王艮和他所創建的泰州學派，從形成到今日都受到人們的許多好評。黃宗羲曾在他的巨著《明儒學案》中說道：「陽明先生之學，有泰州、龍溪而風行天下……泰州以後，其人多能赤手以搏龍蛇……遂復非名教之所能羈絡矣……諸公掀翻天地，前不見有古人，後不見有來者。」從中可以看到黃宗羲對王艮的肯定。

王龍溪是明朝中晚期心學的代表人物，對心學的發展有著重大的貢獻，且深遠影響著日本陽明學的形成與發展。龍溪學派進一步吸納了佛家、道家的思想方法與成果。「念」是王龍溪思想中特別重要的觀念，一念工夫不僅在他的思想系統內統合了用力於良知心體的先天正心工夫和用力於經驗意識的後天誠意工夫，而且也讓王陽明以誠意為中心的致良知工夫論得到了進一步的深化。

王龍溪比較關切的是王陽明對於無之精神境界的追求。他對於佛教的人生境界的吸收和融合也比王陽明徹底，這是龍溪所做的最有價值的學說。此外，龍溪對於王陽明的良知說也提出了自己的見解。在陽明以知是知非論良知的基礎上，他提出四無的主張，以無為宗，注重心體之悟。針對天泉證道，龍溪與錢德洪的思想產生分歧，龍溪用「先天正心之學」和「後天誠意之學」概括和闡發了自己與錢德洪的思想重點。在此後的講學活動中，王龍溪逐漸地吸收各學派的精華，不斷提升自己的思想境界，後作《錢緒山行狀》、《天泉證道紀》等文章。

羅念庵是王門後學的一位重要的代表人物，從念庵的思想主旨來看，可歸為王門「歸寂派」。羅念庵歸寂主靜之學，以良知返歸寂體的過程為格物致知，就是認為良知必須經過實地鍛鍊而獲得。念庵主靜的思想，並不是要做世界的隱者，他的主靜只是求良知本體的工夫，他獲得靜明之本體是要以之應世。他一生躬行實踐無欲主靜工夫，重新闡釋了王陽明的致良知教，而備受中晚明時期不少學者的青睞，被稱為得陽明真傳，補救心學之弊的功臣。他曾說：「儒者之學在經世，而無欲為本。夫唯無欲，然後用之經世者，智精而力巨。」

羅念庵的學術思想形成受到了很多人的影響。王陽明的「致良知」觀點是念庵思想的基礎。龍溪學派和泰州學派也提供了一些見解。總的看來，念庵在心學的基礎上還是有很大的突破，「歸寂」的學說對心學也起了補充和完善的作用。

從心學的流傳中，我們可以清楚地瞭解到，儒學的最後一個高峰也曾是那麼的輝煌。

王陽明開創了儒學新天地，不愧為一代「心學」宗師。他的弟子們承蒙師傳，不斷地鑽研思考，創立了獨一無二的門派，為心學的發展和流傳也做出了巨大的貢獻。至今，心學也沒有被歷史埋沒，它存在於現代的生活中，對社會的發展以及人民的生活還有著一定的影響。

談笑之間收王艮

作為我國思想史上心學的集大成者王陽明，他不僅學術名揚天下，弟子也是遍佈天下。說到他思想的傳承人，就不得不提及到他的弟子王艮。關於王艮拜師還有一個小小的故事。

一天，王陽明正在和弟子們探討學術，突然門子報到，說泰州來的王銀拜見。王陽明像平時一樣，隨口說好，繼續和弟子們高談闊論。不一會，門子又來，見其一人，王陽明覺得奇怪。門子笑著報到，王銀是個傻子。行為怪異，自言自語的，也不知道在說什麼。穿著也很另類，頭頂著古冠，身著五顏六色的古服，手裡拿著一個木片，說是不見到王陽明就不進中堂。

王陽明聽了門子的一番話後，很吃驚。這還是第一個要求他去中堂見面的人。帶著詫異的弟子們，王陽明連忙起身前往中門。果然如門子所說，王銀穿著和神情都很古怪，但卻很恭敬誠懇。王陽明拱手說道：「沒能及時迎接遠客，真是失敬。」王銀也拱手躬身報了自己的家門，並說到久聞的王陽明盛名，因此前來相會。

王陽明對王銀饒有興趣，便帶他進了中堂。沒等讓座，王銀徑直走向了主席，坐在了王陽明的座位上。弟子們都面面相覷，很是不滿，王陽明卻不在意，坐在了側席上。一番談話後，王陽明耐不住好奇心，問王銀頭上是什麼冠，身穿是什麼服飾。王銀回道，是虞氏的古冠和老萊子的古服。弟子們聽了不知是笑是怒。虞氏是舜的號，舜生性善良，孝順父母，尊敬兄長。雖然經常受到兄弟的斥責和父母的虐待，但他依舊寬容友好的待他們，令堯感動，最終將王位傳給了他。老萊子也是個孝子，是春秋時期的楚國人。在他七十多歲的時候，他像小孩子一樣穿著彩色的衣服走著，假裝摔倒哭泣，讓父母開心。

王銀的這番打扮顯示出自己的傲氣。他還說道，要向舜和老萊子學習。當王陽明要求他也假裝摔倒哭泣逗大家樂時，王銀不禁羞愧，心想王陽明果真有才，本想顯示一番，卻自取其辱，因此有些坐不住了。接著王銀想用自己所悟的道理刁難王陽明，不料王陽明對答如流，辯得他無言以對。他心想王陽明果真名不虛傳，因此甘拜下風，想做其弟子。王陽明沒有立即答應，告訴王銀，拜師的事不要著急，免得事後後悔。

聽了王陽明的話後，王銀回到了館驛，他將中堂發生的情景仔細回憶了一遍，欣慰自己沒有急著拜師。他想到，王陽明雖然有學問，但是很多話還是有漏洞的，因此決定明天再去較量一下，以比高低。

第二天，王陽明接見了他，知道他是前來賜教的。王銀將自己所想的全都說了出來，王陽明還是像昨天一樣不緊不慢的辯解著，最終讓王銀理屈詞窮，他終於見識到了王陽明的能耐，甘願做其弟子。於是雙膝跪地，誠懇地表達了自己的意願，對自己昨天的傲氣表示了歉意，並讚賞心學術精深，是真正的聖人之學。王陽明也很欣慰，便扶起王銀說道，過去和其他弟子辯解的時候都不費力的，但和王銀的辯解卻很費心智，並說想要知道王銀的學術淵源。

王銀聽了不禁歎氣，但眉目間又油然而生出傲氣。他稱自己是揚州府泰州安豐場人，家裡世代都是灶丁。在明朝的戶口中，灶戶相對於軍戶、匠戶、民戶等來說地位低下，收入微薄。當明朝政府控制私人進行鹽的買賣，因此灶戶們在物質和人身方面都受到了官府的限制。在官府完成國家對鹽需求的指標後，鹽戶可做「小鹽商」，對剩餘的少部分的鹽進行私人買賣，獲得一點小利益。為了能使王銀通過考試進入官場，改變門第，過上好日子，他的父親做著灶戶和鹽商的雙重工作。每天起早貪黑，不管嚴寒還是酷暑，都拚命工作。

王銀七歲被父親送入私塾，他愛好讀書。到十一歲的時候，因不忍父親過度操勞，便放棄學習，和父親下鹽池或外出經商。不論到哪裡，王銀都帶著書，不停地思考和領悟，學到的總比別人多。時間長了，學問就做大了，煮鹽經商也比別人經驗多。慢慢的家境富裕起來，學問也越積越多，並獲得了當地人的賞識，經常給別人指點。

王銀夢想著能做一個聖賢，為世人排憂解難。一天，他夢到天塌下來了，自己被壓在種種的石頭下面。但看到世人的驚恐和無助，他用盡力氣推開大石，將天托了起來，將錯亂了的星辰擺正位置。他拯救了世人，內心空明洞徹。夢醒後，他悟到，做什麼事都要用心來體驗。此後，不論是農民、商販還是漁夫都前來求見。王銀的名聲慢慢變大，因此桀驁不馴，整個人都古怪起來。他想，自己所說和所做的都好似堯，因此也要打扮得像堯一樣，與眾不同。他帶著這身打扮出沒在人群中，受到眾人的景仰和尊重。

一日王銀的講學完後，一位名叫黃文剛的人告訴他，王陽明的學術和他講的有相似之處，並問他是否是王陽明的再傳弟子。王銀聽了挺生氣，雖不知道王陽明是誰，但能和自己的領悟有相通之處，便很想較量一下。他打聽好了以後，當日就起程。為了給自己退路，他將平日的服裝都換小了，但最終還是被王陽明的學術折服。

聽了王銀的敘述後，弟子們都笑了。王陽明對這位新弟子很看好，並給他改了名。由於欣賞他的獨立的思考，便將「銀」字改為「艮」，代表巍然挺拔。取名為「汝之」，表示要有所收斂，不能有太多的野性。

在收了王銀之後，王陽明的弟子中又多了一位傑出獨特的思想家。王銀創立了獨一無二的泰州學派。一個世紀後，黃宗羲在拜讀了王銀的學術後，在他的《明儒學派》表示，王陽明的弟子中，風行天下的是泰州和龍溪兩個學派。泰州指的是王銀及其學派，龍溪指的是王畿及其學派。可見，王銀對王陽明和心學來說都是多麼大的榮幸。王銀拜師的經歷，真是令人歎為觀止。

心學對中國的影響

王陽明是心學的創始人，是我國歷史上風靡一時的哲學家、教育家、軍事家。他創立的心學，被世人稱為「救世之學」。自心學傳播後，王陽明開始到處講學，廣收弟子，希望透過自己的學說，能為朝廷做出貢獻，能給人民帶來希望。

心學自明朝時期創立以來，備受人們推崇，它像一把巨大的神斧，將束縛著人們內心思想的封建僵化理念劈開來，使封建觀念的地位動搖起來。心學在精神上支持普羅的社會大眾，它反對封建社會的剝削和壓迫，給了人民希望。王陽明在講學中曾說道：「人皆可以為堯舜」「滿街都是聖人」。陽明認為人人都是平等的，沒有高低貴賤之分。在心學的教育下，人民都亢奮起來。他們不願再俯首甘為牛，全都開始反抗起來，不願再沉默不語，任憑達官貴人呼來喝去，像牲畜一樣打來虐去。心學就像是寒冬裡的暖爐，像是炎夏裡的清風，給多災多難的人民帶來了福音，它讓人民看到了自己的主觀能動性，看到了自身的潛能和力量。心學慢慢地影響著當時社會的各個方面，在政治、經濟、學術以及哲學等方面都有著巨大的貢獻。

心學對明朝政治的發展做出了很大的貢獻。在那個時期，王陽明的很多弟子都為民擔憂，希望朝廷可以以人為本，注重百姓的喜悲。一些弟子還運用心學直接參政，做了許多利國利民的事情。

他的弟子祝世祿，在保寧縣任知縣，曾創建了一個很大的書院，叫做環古書院。祝世祿經常請思想進步的東林黨人來講學，並且公開宣告：對於「官府長短」和「朝廷得失」，人民都可以議論評判。欣賞心學的官員們都敢於直言，對於道德淪喪、官場腐敗的現狀，都能勇於提出自己的不滿和見解。逐漸的，習得心學的很多人都開始關心政治，建議朝廷變革，這股洪流的強大力量使皇帝都畏懼起來。

王陽明曾在講學中教育人們要「知行合一」「致良知」，藉由自己的良知和行動去拯救國家，解救百姓。王陽明的學說，為當時腐敗的明朝中期，注入了很多新鮮的思想，人民的生活也得到緩解，重新拾起了生存的希望。但到了明朝後期，社會已經混亂不堪，沒法管制。心學派裡的很多人也開始高談闊論，卻並沒有「知行合一」，踏實認真的為人民做事。由此也引起了士林人士的抨擊。

心學對明朝學術的發展也有著很大的貢獻。在當時明朝的封建制度下，學術也沒有自由，全都被束縛在條條框框中。心學的出現無疑是學術界的壯舉，它跳出了封建制度的框架，開闢一代新的學風，講說了明朝最真實的現狀。很多欣賞心學的作家們也受到了啟發，不再畏縮在封建框架中寫作，而是將自己的真實感受痛快地表達出來。

好比寫《牡丹亭》而出名的湯顯祖，他在性格上就是狂蕩不羈，追求個性自由，而鄙視功名利祿；還有號稱「四才子」之一的唐伯虎，他天不怕地不怕，敢於直言；更有以寫荒誕怪異的「三言」而聞名的馮夢龍，他不降服於封建制度的威懾，將自己想要表達的全都傾瀉出來。這些名人們都在受心學的影響後，摒棄過去那種只寫功名利祿、倫理道德以及社會地位以維護朝廷統治的風格，開始轉向描寫現實，將自己的所見所聞所感統統寫下來，深刻地揭露了社會的黑暗面。出現在他們作品裡的人物也由達官貴人、才子佳人、孝子賢孫和英雄豪傑轉變到普普通通的市民、商販、農民。這樣看來，我們是要感謝心學了。正是由於心學對文人墨客的影響，才能改變他們的寫作風格，使我們能閱讀到當時的很多生動活潑的趣事。

陽明學派的這股清涼之風不僅在明代風靡一時，而且席捲了整個清朝，直到現在，心學還存在著，並且多多少少的影響著社會的進步。清朝初期，心學廣為傳播，受到人們的推崇，但這與統治者的治理思想格格不入。為了防止心學對人們的影響，導致社會的動盪，統治者開始禁止人民學習心學，將其冷凍起來，防止心學的流傳。為了蠱惑人心，清朝政府又將僵化的程朱理學加了修飾，重新搬上了政治的舞台。到了清朝末年，國勢微弱，朝廷腐敗，帝國主義殘暴地打開了中國的大門，將中國洗劫一空，中國從此走上半殖民地半封建社會。國家的淪落使許多文人墨客都消沉下來，中國從此不論在物質上還是精神上都開始落後於西方。在這種情況下，人們又開始反思，將心學這個強而有力的武器重新拿起，將早已過時的程朱理學拋棄到歷史裡。

康有為也對王陽明的學說很感興趣，認為心學很切合當時的社會狀況，「致良知」「人人可以為堯舜」「各個心中有仲尼」這些學說與當時西方先進民主的思想有相通之處。心學提倡政治平等，重視自然科學，這些先進思想對於拯救中國社會是很有幫助的。康有為廣泛地將心學說運用於宣傳之中，推崇心學的「致良知」，將王陽明說的「不忍」作為維新運動刊物的名字。維新運動的另一菁英梁啟超也很讚賞心學，他在革新運動的過程中多次宣揚心學，推薦人們學習王陽明的哲學思想，後來他經過研究後還寫了《王陽明知行合一之教》這本書，鼓勵人們要行動起來。雖然維新運動最終失敗了，但是它在一定程度上還是動搖了清政府的統治，並促進了社會的發展。由此可見，心學是真正的有用之學。

在維新變法之後，以孫中山為代表的資產階級革命派想要推翻清政府的統治，建立新的民主共和國。新政權的建立需要一定的理論支持，作為革命的精神食糧。因此資產階級革命派開始從心學中尋找可運用的革命理論。

孫中山先生在接受歐美政治思想的同時，也對中國的傳統文化進行了評判的繼承。他在心學「知行合一」思想的基礎上，領悟出了「知難行易」的思想。因此在革命過程中，孫中山宣揚：「先要知，要找到一條最適合中國人走的路，再去行。」他還鼓勵革命同志要將理論運用於實際，推動革命的進程。雖然資產階級革命最終也失敗了，但是很多仁人志士並沒有停止對真理的探索和研究，無數個英雄還是大義凜然、義無反顧地奔向戰場。

不得不說，心學廣泛地存在於革命的進程中，對革命有著重大的指導作用。直到今天，心學還是有英雄可用武之地。在現代的教育中，我們還是要運用王陽明的思想，知行合一，因材施教，讓社會更好的發展，讓人民更幸福的生活。

心學對日本的影響

「一生俯首拜陽明」這是日本名將東鄉平八郎在腰牌上刻下的字樣。事實上，日本很多行業對王陽明的崇拜和學習，已經是極為普遍。有日本經營之聖之稱的稻盛和夫，他就十分崇拜王陽明，在他的經營哲學中可以看到很多王陽明良知思想的影子。如「自利則生，利他則久」、「成功＝能力×努力×態度」等等。為什麼處於明朝末年的王陽明能夠在日本產生這麼大的作用呢？

眾所周知，日本的文字和中國的漢字有很多相同之處，由此我們可以知道，當時中日一定是建立了友好關係，才互相借鑑學習的。事實上，在唐朝的時候，中日就有著良好的邦交關係。在這種情況下，兩國便可以相互交流、借鑑和學習。

了庵桂悟是第一個接觸心學的日本人。明朝正德五年，僧人了庵桂悟被日本政府派到中國進行交流學習。他非常崇拜王陽明，對心學有著很大的興趣。他曾幾次誠懇求見王陽明，認真聽其講學，深思其中的奧秘，不厭其煩的聽陽明的每一次授課，仔細做著筆記，積極進行探討。在來中國交流的幾十年裡，了庵桂悟一直在琢磨王陽明的學說，直到八十三歲才回到日本，傳授心學。在他的傳授下，中江藤樹領悟了心學的精華所在，開始到處講學，使心學在日本家喻戶曉。日後，中江藤樹被世人稱為日本陽明學派的「開山祖」。

事實上，陽明學派在日本的發展並不如人們想像的那麼順利。最初，日本政府反對陽明學派的傳播，怕王陽明的一些思想會引起人民的反抗情緒，對政府的統治帶來威脅。但是慢慢地，心學也顯示出了它的精華。對於講求效率的日本人來說，陽明學的「知行合一」提倡人們要將知與行統一起來，促進了日本人的工作效率，且陽明學說簡單易懂，易於運用，對於直來直往的日本人來說，這是值得推崇的。

因此，日本政府批判地繼承了心學，並鼓勵人民學習。於是，王陽明的著作就在日本流傳開來，成為人們的必讀書籍。那個時候，王陽明的著作在中國才整理完不到一個世紀，日本就已經刊印了。在通讀了《王陽明全書》和《傳習錄》後，研究心學的很多學者也有自己不同的見解，因此日本的陽明學派也開始分派。例如：以淵岡山為代表的內省派和以熊澤蕃山為代表的世功派。日本善於汲取別國的精華，只要是有用的，對社會發展有推動作用的都會用於實踐。因此，轟動世界的日本明治維新也巧妙地運用了陽明的學說，這次維新使日本飛騰起來。

明治維新之前的日本，國家的政權都掌握在幕府的手中。一六〇三年幕府建立之後，日本內部穩定下來，臣民們甚至是天皇都降服於最高統治者幕府將軍。幕府將軍將土地分給兩百六十多個「大名」，由大名的下級武士做保衛工作。可憐的農民深受迫害和剝削，苛捐雜稅壓得他們喘不過氣來。有時候一年的收成還不夠交稅，很多人都徘徊在生死的邊緣。武士們的境況也很悲慘，他們常被當作牲畜看待。在這樣的大背景下，他們急切地希望能有強大的思想武器來進行反抗。慢慢地，心學深入人心，其中的「致良知」和「人人可以為堯舜」，激發了武士們的鬥志，「知行合一」使得武士們行動起來，勇往直前。他們希望可以建立平等的社會，人人都活得有良知。

一八三七年，農民和武士們聯手進行起義，作為起義的領導者，大鹽中齋巧妙地把王陽明的「四句教」轉化成號召群眾起義的革命口號。最終維新革命成功了。下層武士推翻了幕府政權，建立明治政府，實施一系列資本主義的改革，不僅趕走了外國侵略者，還使日本由封建社會順利過渡到資本主義社會，國富民強，走上了繁榮昌盛的道路。

心學不僅在政治上產生了重大影響，在日本國民教育方面，貢獻也是非凡的。明治維新後，日本政府的菁英們都努力鑽研王陽明的思想，還將這些學說滲透到社會各個階層，無論是農民、工人、醫生抑或市民都對心學有著比中國人還多的瞭解。日本政府希望透過心學來更好的管理社會，使社會平穩發展，人民安居樂業。

心學在日本產生了巨大的影響，它對日本經濟、文化、教育、哲學等各方面都有著很大的貢獻。到目前為止，心學對日本的影響還存在著。一九一一年，日本圓滿召開了陽明學國際學術會議。日本對心學的研究成果遠遠超過了歐美甚至中國。由此可見，心學是多麼的經久耐用。

心學對其他等國的影響

一八七六年，日本在朝鮮耀武揚威，逼迫朝鮮簽訂了不平等條約《江華條約》，日本政府憑藉自己強大的經濟實力和先進的作戰武器，要求朝鮮再多開仁川、元山為通商口岸，並且掌握了領事裁判權。日本對韓國的侵犯，打開了韓國的大門，使得心學也漸漸傳入朝鮮。

在那個時代，朝鮮朝廷備受剝削和壓迫，官員們都忙著保身，無暇顧及新的思想學說。因此心學的命運和朝鮮人民的命運一樣，四處碰壁，無依無靠。這時有個叫李瑤的高官注意到了心學，他認為陽明的思想會對朝鮮社會的發展有利。在和君王談論了心學後，君王非常生氣，認為李瑤一派胡言，竟然罷了李瑤的官，將他貶為平民。從此李瑤告別了令他失望的朝廷，他也沒有權力再去宣揚心學，只好悲傷的隱居起來。此後，朝鮮朝廷還怕心學說蠱惑人民，竟然組織人力專門出版《異端辯正》、《固知記》兩本書籍，意圖以「異端」來給心學戴黑帽，並聲稱不得學習和討論這一學說。在法律的威懾下，再也不敢有人高談闊論陽明學說了。

可是，人民怎麼可能不停地忍受壓迫，徘徊在生死邊緣線上的生活？日本政府得寸進尺，大肆發放高利貸，使農產品的收購價大幅度降低。在各種苛捐雜稅下，農民辛苦一年的收成還不夠交債交稅。與此同時，日本產品大量湧入朝鮮市場，許多朝鮮人民的小店都被迫關門。人民被逼到了生死線了，是時候該反抗了。

值得一提的是，就在這個時候，心學被朝鮮人民宣揚起來，起義軍的領導者們都拜讀了心學的思想，認為王陽明的學說會指引革命前進，他們並將朝鮮實況與心學結合起來，與日本侵略者鬥智鬥勇。與此同時，李瑤等幾個被罷免的高官也領導朝鮮人民進行民族獨立運動，他們以「知行合一」為口號，呼籲人民拿出實際行動，為了保家愛國憤然而起，英勇作戰。

在起義軍領導的指揮下，朝鮮人民以陽明學說的「兵無常勢，水無常形」的可變思想為戰術，到處進行破壞，迅速變換戰地，使日本人摸不著頭腦，措手不及。自一九〇六年開始，起義隊伍不斷擴大，到處都可以看到英勇殺敵的朝鮮人民。此時，日本軍隊也開始警惕起來，不再輕視朝鮮人民的力量。

儘管起義軍和朝鮮人民都在浴血奮戰著，但終究是沒法和日本強大的軍事力量相比。起義軍在日軍的一次次回擊後慢慢消沉下來，無力挽救日本吞併朝鮮的事實。最終，朝鮮還是躲不過悲慘的命運，成為了日本的殖民地。但令人欣慰的是，朝鮮人民在強大的壓迫下，並沒有保持沉默，他們將心學說廣泛地運用起來，使日本不再輕視也不敢嘲笑。可見，心學在戰亂的年代也有它的可用之處，像是人民奮勇前進的指明星。

心學在日本和朝鮮的傳播，使得兩國的革命都發生了巨大的變化。由此我們可以清楚地瞭解到，它對日韓兩國社會的前進與發展起了多麼重大的作用。而在經濟實力最強的美國，心學說也有著不可磨滅的偉績。

心學最初傳入美國是在二十世紀初，南京大學傳教士弗德里克・古德里奇・亨克對心學有著深厚的感情，回國後他開始提倡心學說，漸漸地引起了歐美人民的注意。在中國傳教的這些年裡，弗肯德里克對心學做了深入的瞭解，並很贊同王陽明的一些思想。在多年的研究後，他開始翻譯王陽明著作，將《傳習錄》《大學詞》以及《王陽明年譜》合輯為《王陽明哲學》進行出版。此外，他還將自己對心學說的研究成果寫成論文《王陽明的生平與哲學》發表出來。

至此，心學開始在歐美流傳。那個時期正值二十世紀二〇年代，洋人認為中國很落後，很瞧不起中國人。他們對中國人不停地進行凌辱和嘲笑，就在他們肆意妄為、胡作非為的時候，卻發現還有這樣一位中國人有這麼強大的力量，成為歐美人崇拜的對象。可想而知，王陽明在當時是多麼的備受青睞，這樣的機會又是多麼的來之不易。

歐美等西方人士接受了心學後，也開始逐漸的深入研究起來，他們認為心學簡單易懂，幾個字就能滲透出做人的大道理。所以，拿到王陽明的書時，歐美人總是如饑似渴地讀起來，津津有味，樂此不疲，還獲得了無比珍貴的精神財富。

歐美研究心學的人變得越來越多，二次大戰以後，人們漸漸發現，王陽明的很多學說都與西方一些大哲學家們的主觀唯心主義思想抑或道德論有相似之處。在中國的歷史中，能與哲學家笛卡爾、貝克萊、康德等人相提並論的人並不多，王陽明卻是這般的令人景仰。沒想到，早在十七世紀，王陽明就有如此純熟完善的思想，能與世界著名的哲學家相比較，這是王陽明的成就，也是中國人的榮幸。王陽明正是用其充實的知識以及獨到的見解向世人證明中國人的能力。

王陽明的學說能跨越國界，經歷各種磨難後被外國人接受賞識，足以說明心學的可貴與經久不息。這份寶貴的精神財富是對王陽明的肯定，也是中國人的驕傲。那麼，我們就應該將這塊珍寶流傳下去，讓它繼續造福人類。

國家圖書館出版品預行編目資料

心學大師王陽明 / 秦漢唐 作
-- 一版. -- 臺北市 :廣達文化，2012.12
; 公分. - (人物中國:35)（文經閣）
ISBN 978-957-713-512-4 (平裝)

782.866 101021726

文經閣

書山有路勤為徑
學海無涯苦作舟

心學大師王陽明

作　者：秦漢唐
叢書別：人物中國：35
出版者：廣達文化事業有限公司

文經閣企畫出版
Quanta Association Cultural Enterprises Co. Ltd
編輯執行總監：秦漢唐

編輯所：臺北市信義區中坡南路 287 號 5 樓
通訊：南港福德郵政 7-49 號
電話：27283588　傳真：27264126
劃撥帳號：19805171
戶名：廣達文化事業有限公司
E-mail：siraviko@seed.net.tw
www.quantabooks.com.tw

製　版：卡樂製版有限公司
印　刷：大裕印刷排版公司
裝　訂：秉成裝訂有限公司

代理行銷：創智文化有限公司
23674 新北市土城區忠承路 89 號 6 樓
電話：02-2268-3489　傳真：02-2269-6560

CVS 代理：美璟文化有限公司
電話：02-27239968　傳真：27239668

一版一刷：2013 年 2 月
定　價：210 元

書山有路勤為徑

學海無崖苦作舟

文經閣

書山有路勤為徑
學海無崖苦作舟

文經閣